Jean-Loup Ringot

Steinzeit

Geschichte aktiv!

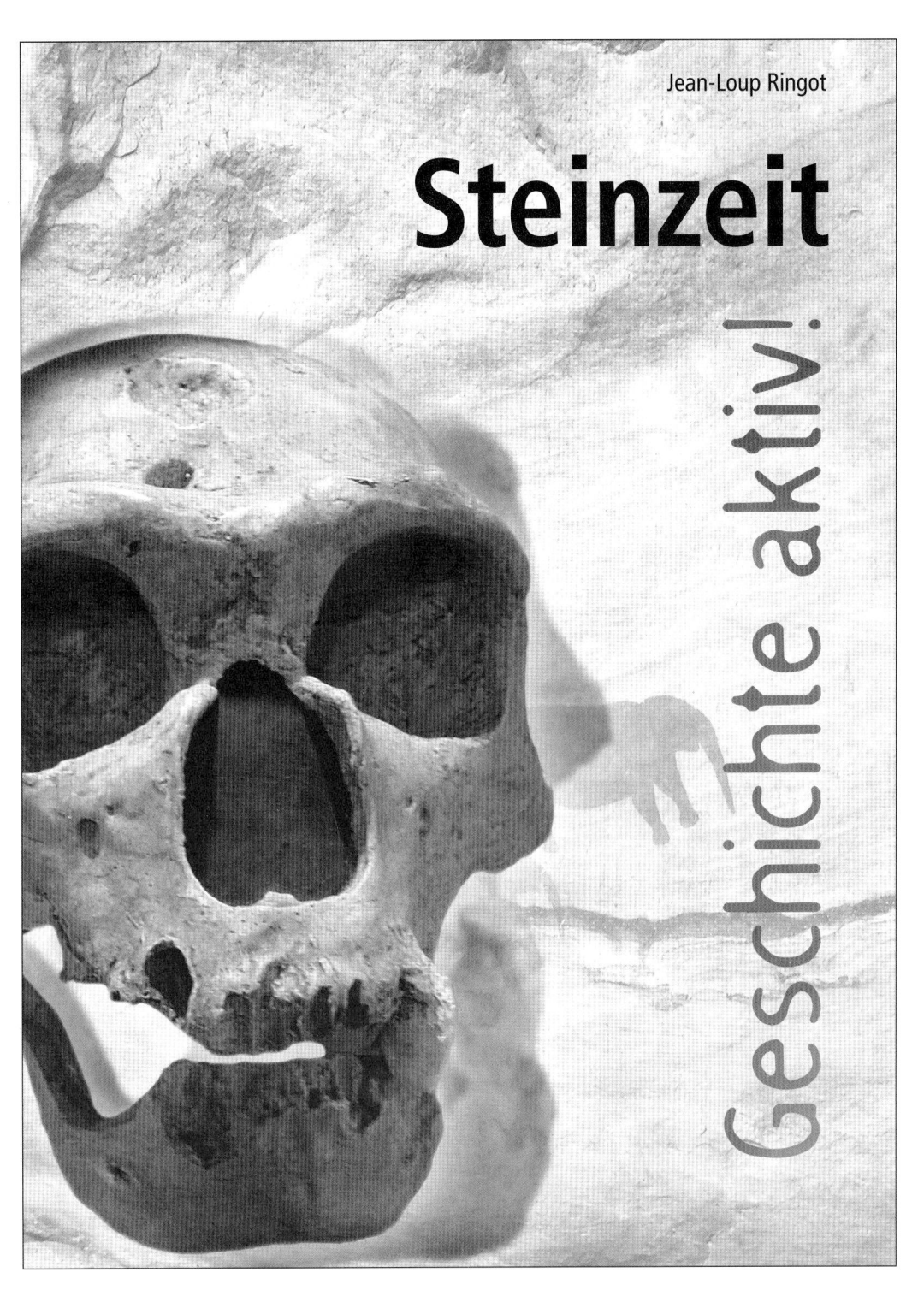

Die Themen dieser Arbeitsmaterialien orientieren sich an den amtlichen Lehrplänen für das **5. und 6. Schuljahr**. Die didaktisch-methodische Aufbereitung ermöglicht einen **handlungsorientierten** und **fächerübergreifenden Zugang** zum Thema.

Verlag an der Ruhr

IMPRESSUM

Titel
Geschichte aktiv: Steinzeit

Autor
Jean-Loup Ringot

Titelbildmotiv
Wandmotiv: © Bruce Hewitson – Fotolia.com
Schädel: © www.wikipedia.com

Illustrationen
Norbert Höveler

Verlag an der Ruhr
Mülheim an der Ruhr
www.verlagruhr.de

Geeignet für die Klassen 5–6

Unser Beitrag zum Umweltschutz
Wir sind seit 2008 ein ÖKOPROFIT®-Betrieb und setzen uns damit aktiv für den Umweltschutz ein. Das ÖKOPROFIT®-Projekt unterstützt Betriebe dabei, die Umwelt durch nachhaltiges Wirtschaften zu entlasten.
Unsere Produkte sind grundsätzlich auf chlorfrei gebleichtes und nach Umweltschutzstandards zertifiziertes Papier gedruckt.

Ihr Beitrag zum Schutz des Urhebers
Das Werk und seine Teile sind urheberrechtlich geschützt. Jede Verwendung in anderen als den gesetzlich zugelassenen Fällen bedarf der vorherigen schriftlichen Einwilligung des Verlages. Im Werk vorhandene Kopiervorlagen dürfen für den eigenen Gebrauch in der jeweils benötigten Anzahl vervielfältigt werden.
Die dazu notwendigen Informationen (Buchtitel, Verlag und Autor) haben wir für Sie als Service bereits mit eingedruckt. Diese Angaben dürfen weder verändert noch entfernt werden. Bitte beachten Sie die Informationen unter schulbuchkopie.de.
Der Verlag untersagt ausdrücklich das digitale Speichern und Zurverfügungstellen dieses Buches oder einzelner Teile davon im Intranet (das gilt auch für Intranets von Schulen und Kindertagesstätten), per E-Mail, Internet oder sonstigen elektronischen Medien. Kein Verleih. Zuwiderhandlungen werden zivil- und strafrechtlich verfolgt.

© Verlag an der Ruhr 2010
ISBN 978-3-8346-0662-4

Printed in Germany

INHALTSVERZEICHNIS

4 Vorwort
5 Zurück in die Steinzeit!

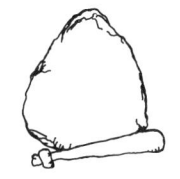

STEINZEITKLISCHEES
6 Wie es nicht gewesen ist!
10 Warum „Steinzeit"?

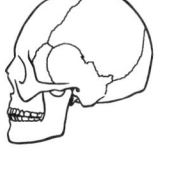

DIE ENTWICKLUNG DES MENSCHEN
12 Der Mensch, ein Tier?
13 Der Australopithecus
15 Der Homo habilis
16 Der Homo erectus
19 Wir machen Feuer! (I)
20 Wir machen Feuer! (II)
21 Der Neandertaler
25 Steinzeitmesser
26 Der Cro-Magnon-Mensch
30 Speerschleuder

DIE UMWELT DER STEINZEITMENSCHEN
31 Eiszeiten und Warmzeiten
33 Die Tierwelt

DAS LEBEN IN DER ALTSTEINZEIT
34 Wie die Menschen wohnten
35 Wir bauen ein Steinzeittipi!
36 Steinzeitküche
37 Steinzeitsuppe
38 Heißer Stein
39 Gegrillte Forelle
40 Steinzeitmode

41 Lederbeutel
42 Schmuckkette
43 Steinzeitbohrer
44 Steinzeitschminke
45 Die Höhle von Lascaux
48 Fettlampen
49 Höhlenmalerei
50 Gravur
51 Handabdrücke mit der Sprühdose
52 Steinzeitmusik
55 Schwirrhölzer
56 Trommeln
57 Schalmei
58 Lithophon
59 Schraper

DAS LEBEN IN DER JUNGSTEINZEIT
60 Eine neue Lebensweise
63 Schattenseiten
66 Steinzeitcookies
67 Töpfern
69 Ötzi, der Mann aus dem Eis

DAS ENDE DER STEINZEIT
72 Die Bronzezeit
74 Ring
75 Armreif
76 Fibel

77 Lösungen
80 Literatur- und Linktipps
81 Museen

VORWORT

Liebe Schüler*,

bestimmt wisst ihr schon einiges über die Steinzeit, über Faustkeil und Co, über die Neandertaler und Höhlenmalereien. In Filmen und Büchern, die in der Steinzeit spielen, wimmelt es von spannenden Geschichten. Mit ihren extravaganten Klamotten gehören die Flintstones zu den buntesten Vertretern dieser „Kino-Steinzeit". Aber sie sind auch nicht immer die Hellsten. Eine Vorstellung, die viele Menschen mit der Steinzeit verbinden. Aber selbst in gut gemachten Filmen erfährt man nur wenig darüber, wie die Steinzeitmenschen wirklich gelebt haben.

Die Steinzeit ist die erste Phase der Menschheitsgeschichte. Sie ist das älteste und längste Zeitalter der Urgeschichte. Angefangen hat alles vor etwa 2,6 Millionen Jahren mit den ersten von Menschen gefertigten Werkzeugen: einfachen Geräten aus Stein. Erst um 2200 v. Chr. wurde mit der Bronzezeit ein neue Epoche der Geschichte eingeläutet. In dieser unglaublich langen Zeitspanne bewirkten vor allem häufige Klimaveränderungen eine Anpassung und Weiterentwicklung der Kultur. Die Steinzeit lässt sich für Europa in drei Perioden unterteilen:

Altsteinzeit (Paläolithikum)
2600000 – 9500 v. Chr.

Mittelsteinzeit (Mesolithikum)
9500 – 5500 v. Chr.

Jungsteinzeit (Neolithikum)
5500 – 2200 v. Chr.

Ob als Jäger und Sammler oder Bauer und Viehzüchter, die Menschen führten damals ein ganz anderes Leben als wir heute. Aus diesem Grund möchte ich euch mit diesen Arbeitsmaterialien Eindrücke vom steinzeitlichen Leben vermitteln, so wie es wirklich war. Die Arbeitsaufträge sind so formuliert, dass ihr weitgehend selbständig und eigenverantwortlich arbeiten könnt. Wenn ihr möchtet, könnt ihr eure Arbeitsergebnisse in einer Ausstellung präsentieren und mit einem Steinzeitfest abrunden!

Und nun wünsche ich euch viel Spaß bei eurer Zeitreise in die Steinzeit!

Jean-Loup Ringot

---

* Aus Gründen der besseren Lesbarkeit haben wir in diesem Buch durchgehend die männliche Form verwendet. Natürlich sind damit auch immer Frauen und Mädchen gemeint, also Lehrerinnen, Schülerinnen etc.

Zurück in die Steinzeit!

Hallo, ich bin Lukas!
Ich habe heute einen Termin bei Professor Martin im Landesmuseum. Warum? In der Schule steht bei uns gerade die Steinzeit auf dem Stundenplan. Und jetzt soll jeder von uns ein Referat schreiben, um etwas zum Unterricht beizutragen. Ich habe mir schon Filme über die Steinzeitmenschen angeschaut und auch einige Bücher aus der Schulbibliothek ausgeliehen. Aber irgendwie bin ich da nicht richtig weitergekommen. Jetzt hoffe ich natürlich auf die Hilfe eines echten Steinzeitexperten! Ich habe mir auch schon Punkte notiert, zu denen ich was wissen will:

STEINZEITKLISCHEES

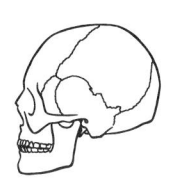

DIE ENTWICKLUNG DES MENSCHEN

DIE UMWELT DER STEINZEITMENSCHEN

DAS LEBEN IN DER ALTSTEINZEIT

DAS LEBEN IN DER JUNGSTEINZEIT

DAS ENDE DER STEINZEIT

Hallo, ich bin Professor Martin!
Ich bin Leiter der frühgeschichtlichen Sammlung am Landesmuseum. Als Experte der Ur- und Frühgeschichte organisiere ich Ausstellungen über die Steinzeit, begutachte Zufallsfunde wie Scherben, Knochen oder besonders geformte Steine, die Menschen zu mir bringen. Natürlich leite ich auch Ausgrabungen, denn manchmal geraten Dinge aus längst vergessenen Zeiten wieder ans Tageslicht. Dann werden ich und mein Team gerufen, und wir versuchen, die Hinterlassenschaften unserer Vorfahren zu bergen. Heute habe ich allerdings Besuch von Lukas. Er will von mir mehr über die Steinzeit erfahren. Ich hoffe, ich kann all seine Fragen beantworten!

Wie es nicht gewesen ist! (1/3)

Infoblatt

Im Museum treffen sich Professor Martin und Lukas.

Lukas: Ich habe einen Film über die Steinzeitmenschen gesehen. Es war total spannend!

Prof. Martin: Und was hat der Film gezeigt?

Lukas: Eine Horde Steinzeitmenschen hat ein Mammut gejagt. Die Menschen waren klein, mit einem Lendenschurz aus Fell bekleidet und haben sich mit grunzenden Lauten unterhalten. Die Horde hat ein großes Loch in der Erde gegraben, um dem Mammut eine Falle zu stellen. Als sie das Mammut gefangen und getötet hatten, haben sie das Fleisch in ihre Höhle getragen und über dem Feuer gebraten. Dafür haben sie mit zwei Feuersteinen Feuer gemacht. Sie haben einen ziemlich dummen Eindruck auf mich gemacht.

Mammutjagd mit Fallgruben?

Prof. Martin: Und glaubst du, dass es so stimmen kann?

Lukas: Ja klar!

Prof. Martin: Nein, so kann es auf keinen Fall gewesen sein!

Lukas: Wieso denn nicht?

Prof. Martin: In den Eiszeiten herrschten im Winter Temperaturen um die minus 40 Grad, im Sommer waren es selten über 20 Grad. Und bei den Temperaturen sollen die Menschen nur mit leichten Lendenschürzen bekleidet gewesen sein? Nein, nein, die Steinzeitmenschen hatten richtige Kleidung: Stiefel, lange Unter- und Oberhosen, dicke Jacken, Handschuhe und Mützen oder Kapuzen. In etwa so wie die Kleidungen der Inuit von Grönland.

Lukas: Woher wissen wir das?

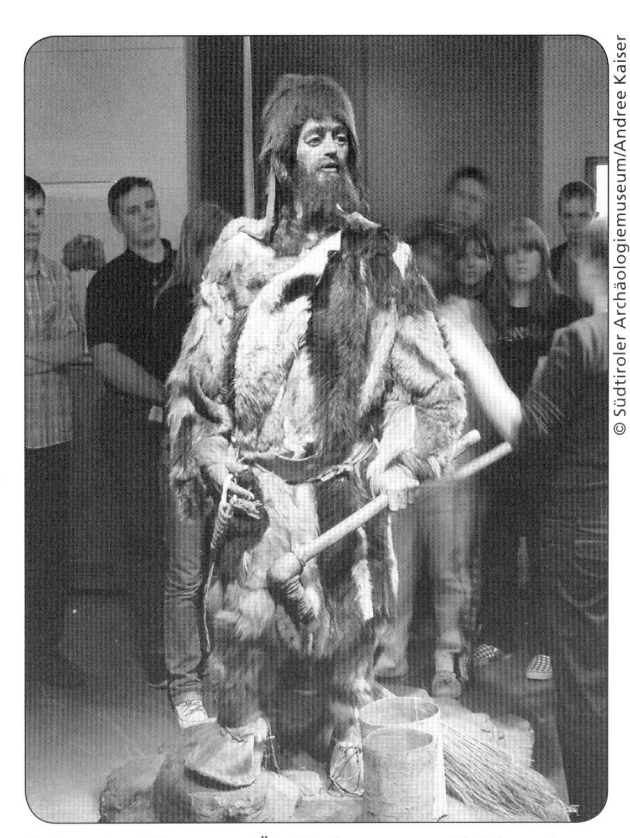

Rekonstruktion von „Ötzi", der warme Kleidung trug.

Prof. Martin: Bei den Temperaturen, die in den Eiszeiten herrschten, ist das doch nur logisch. Außerdem haben wir einige Gräber mit Spuren von Kleidung gefunden. In Sungir, das ist in Russland, haben Archäologen das Skelett eines Mannes aus der Steinzeit entdeckt. Seine Kleidung war mit ca. 1500 Perlen aus Mammutelfenbein bestickt. Auch Nadeln aus Knochen fand man bei Ausgrabungen. Sie wurden sehr wahrscheinlich

Wie es nicht gewesen ist! (2/3)

Infoblatt

für das Nähen von Kleidungsstücken verwendet. Dann kennen wir einige seltene Darstellungen von Menschen mit Kleidung aus dieser Zeit. Und zu guter Letzt haben wir in den Alpen einen gefrorenen Menschen gefunden, der noch seine Kleidung getragen hat. Heute ist er bekannt unter dem Namen „Ötzi".

Lukas: Aber dass die Steinzeitmenschen tiefe Löcher gegraben haben, um z.B. Mammuts zu jagen, das stimmt doch – oder?

Prof. Martin: In Eiszeiten ist der Boden gefroren. Heutzutage brauchen wir schon einen Bagger, um ein tiefes Loch auszuheben. Wie sollen das also die Steinzeitmenschen geschafft haben?

Lukas: Vielleicht haben sie ja ein Feuer gemacht, um den Boden zu schmelzen, sodass sie dann ein Loch ausgraben konnten?

Prof. Martin: Schön, wenn das funktioniert hätte! Aber wenn du Feuer machst, geht die Wärme hauptsächlich nach oben und nicht nach unten. Außerdem benötigt man Unmengen von Holz. In der Eiszeit gab es aber sehr wenig Holz! Die Landschaft war hauptsächlich eine Grassteppe. Und denke nach ... Falls das Eis in der Erde schmilzt, geht das Wasser nach unten und löscht das Feuer.

Lukas: Dann haben sie im Sommer gegraben!

Prof. Martin: Im Sommer schmilzt zwar der Boden, aber nur ungefähr einen Meter tief. Darunter bleibt der Boden gefroren. So kannst du nur ein kleines Loch graben und Mammute waren sehr große Tiere! Nein, solche Fallgruben hat es nicht gegeben.

Prof. Martin: Sag mal, wo gibt es denn hier in der Gegend Höhlen?

Lukas: Ehrlich gesagt, ich weiß es nicht.

Prof. Martin: Die nächste Höhle ist ungefähr 250 Kilometer weit weg.

Lukas: Gab es dann hier überhaupt Steinzeitmenschen?

Prof. Martin: Aber sicher! Sie haben nur nicht in Höhlen gelebt, sondern in Zelten. Die Zelte sahen in etwa so aus wie die Tipis der nordamerikanischen Indianer. Wo es Höhlen gab, haben die Menschen im Eingangsbereich der Höhle leben können. Sie konnten dort unter dem Schutz der Höhlendecke leben und mit Holzstangen und Fellen einen Wohnbereich abtrennen. Dort, wo es keine Höhlen gab, haben die Menschen Zelte oder sogar Hütten aus Mammutknochen gebaut.

Hütte aus Mammutknochen

Geschichte aktiv!

Steinzeit

Wie es nicht gewesen ist! (3/3)

Infoblatt

Prof. Martin: Hier, Lukas, sind zwei Stücke Feuerstein. Kannst du damit Feuer machen?

Lukas: Ja klar! Ich schlage sie aneinander, sodass sie Funken sprühen, mit denen ich ein Feuer entfachen kann!

Prof. Martin: Nein, was du hier siehst, sind keine Funken, sondern nur Lichtpunkte, die viel zu kurzlebig und kalt sind, um damit Feuer zu machen.

Lukas: Aber es riecht nach Feuer!

Prof. Martin: Es riecht tatsächlich ein wenig nach Rauch. Aber um Feuer zu machen, haben die Steinzeitmenschen entweder einen Holzstab in einer Mulde in einem Holzbrett gerieben oder sie haben Funken gemacht, indem sie Feuerstein mit einem seltenen Stein namens Markasit aneinandergeschlagen haben. Dieser Stein enthält Eisen und Schwefel. Wenn er geschlagen wird, bringt die Reibung das Eisen zum Glimmen. Diese Funken sind sehr heiß, sodass man sehr schnell Feuer machen konnte.

Lukas: Dann ist ja alles falsch in dem Film gewesen?

Prof. Martin: Ja, ziemlich. Es kommt öfter vor, dass diese Fehler über die Steinzeitmenschen gemacht werden: Es gab damals natürlich kleine Menschen, aber auch große, genau wie heute. Auf unserer Erde leben z.B. Menschen, die man Pygmäen nennt, sie sind nur 1,50 Meter groß, und andere wie die Massai in Afrika sind dagegen fast 2 Meter groß. In der Steinzeit war es nicht viel anders.

Lukas: Haben die Steinzeitmenschen miteinander gesprochen?

Prof. Martin: Hmm … Es gab sehr unterschiedliche Arten von Steinzeitmenschen. Die ältesten haben nicht richtig gesprochen, aber es ist wahrscheinlich, dass „jüngere" Steinzeitmenschen in einer Art Sprache miteinander kommuniziert haben. Und dumm waren sie auf keinen Fall, sonst hätten sie die Eiszeiten nicht überlebt.

Feuerstein und Markasit

Geschichte aktiv!

Steinzeit 8

Wie es nicht gewesen ist!

Arbeitsblatt

In Filmen wird der Steinzeitmensch oft als Keulen schwingender Fellträger dargestellt, der nicht besonders intelligent ist. Entspricht diese Vorstellung der Wirklichkeit?

Gängige Darstellung des Höhlenlebens in der Steinzeit

Aufgaben

1. Lukas ist in dem Film über die Steinzeit vielen Klischees über diese Zeit und ihre Menschen begegnet. Professor Martin klärt ihn darüber auf, wie es vermutlich wirklich gewesen ist. Lies dir das Gespräch der beiden aufmerksam durch, und notiere dir alle Klischees über die Steinzeit, die dort zur Sprache kommen.

2. Betrachte das Bild genau: Welche Klischees über die Steinzeit werden hier aufgegriffen? Was erscheint realistisch?

3. Fertige selbst auf einem DIN-A4-Blatt eine Zeichnung über die Steinzeit an, wie es wirklich gewesen sein könnte. Hinweise dazu findest du in dem Gespräch zwischen Professor Martin und Lukas.

Geschichte aktiv!

Steinzeit

Warum „Steinzeit"?

Infoblatt

Prof. Martin: Weißt du, warum die Steinzeit eigentlich „Steinzeit" heißt?

Lukas: Ganz einfach, weil die Werkzeuge der Menschen damals aus Feuerstein waren!

Prof. Martin: Sicher? Betrachten wir das Lager einer Gruppe von Steinzeitmenschen. Da liegt eine Harpune mit einer Geweihspitze, eine Lanze aus Holz, ein Messer aus Feuerstein, ein Eimer aus Birkenrinde, ein Zelt aus Holzstangen und Fell und eine Feuerstelle. Was wird der Archäologe nach 10 000 Jahren wohl noch finden?

Lukas: Na ja, nur das Messer und die Harpunenspitze.

Prof. Martin: Genau, und deshalb heißt die Steinzeit „Steinzeit". Hätten wir alles bei Ausgrabungen von dem Lager wieder ans Tageslicht gebracht, dann würde die Steinzeit vielleicht „Holzzeit" heißen. Nur vermodert Holz mit der Zeit, sodass nur noch Steine übrig bleiben. Neben Steinen überdauern Knochen, Elfenbein, Steinzeitmalereien in Höhlen die Zeit. Und sogar etwas Holzkohle von Feuerstellen kommt manchmal noch zum Vorschein, weil Kohle nicht wie Holz vermodert. Wenn wir Glück haben, finden sich Fußspuren, und für die späte Steinzeit, die Jungsteinzeit genannt wird, Keramik und Spuren von Hausgrundrissen im Boden.

Lukas: Holz findet man nie?

Prof. Martin: Doch, aber sehr selten. Wenn Holz in Sümpfen, Mooren oder im Wasser unter Schlammschichten konserviert wird, vom Sand in trockenen Wüsten überdeckt wird oder im Eis gefroren bleibt, kann der Archäologe diese Objekte finden.

Lukas: So, wie bei Ötzi!

Prof. Martin: Ja genau. In Deutschland haben wir außerdem in einer Braunkohlegrube bei Schöningen die ältesten Holzspeere der Welt und in Lehringen eine Lanze aus Holz zusammen mit Elefantenknochen gefunden.

Geschichte aktiv!

Steinzeit 10

Warum „Steinzeit"?

Arbeitsblatt

Aufgaben

1. Lies das Gespräch zwischen Professor Martin und Lukas über die Herkunft des Namens „Steinzeit" aufmerksam durch.
2. Auf der Abbildung siehst du das Lager von einer Gruppe von Steinzeitmenschen. Lege auf die Zeichnung ein Blatt Pauspapier und pause alle Dinge ab, auf die ein Archäologe bei Ausgrabungen stoßen würde.

Geschichte aktiv!

Steinzeit 11

Der Mensch, ein Tier?

Arbeitsblatt

Prof. Martin: Du willst ja sehr viel wissen über die Steinzeitmenschen, lieber Lukas. Aber hast du dir schon einmal Gedanken darüber gemacht, was ein Mensch ist? Was bist du eigentlich?

Lukas: Na, ein Mensch eben.

Prof. Martin: Du bist ein Tier!

Lukas: Wir sind Tiere?

Prof. Martin: Ja, ich würde sogar sagen, dass wir schlecht gebaute Tiere sind.

Lukas: Das verstehe ich nicht.

Prof. Martin: Aus körperlicher Sicht ist der heutige Mensch zahlreichen Tieren deutlich unterlegen: Wir laufen weitaus langsamer, wir schwimmen sehr schlecht, und wir können nicht fliegen. Außerdem haben wir kein Fell, um uns vor der Kälte zu schützen, noch verfügen wir über Krallen, Hörner oder scharfe Zähne, um Beute zu schlagen oder uns in gefährlichen Situationen zu verteidigen. Und dazu kommt, dass wir meist schlechter sehen, riechen und hören. Eigentlich müssten wir schon seit Langem verschwunden sein. Nun, wir sind immer noch da und bevölkern die Erde. Was unterscheidet uns rein körperlich vom Tier? Was können wir Menschen, was Tiere nicht beherrschen?

Lukas: Hmm …

Aufgaben

„Der Mensch ist ein Tier!" Führe mit einem Partner ein Streitgespräch vor der Klasse.

- Einer von euch stimmt der Aussage zu, der andere vertritt die Meinung, dass Menschen keine Tiere, sondern etwas ganz Besonderes sind.
- Sammelt Argumente, die eure Meinung unterstreichen, bevor ihr in das Streitgespräch einsteigt.
- Lasst anschließend die Klasse abstimmen, wer seine Argumente überzeugender präsentiert hat.

Geschichte aktiv!

Steinzeit

Der Australopithecus

Infoblatt

Prof. Martin: Sag mal, Lukas, du redest über die Steinzeit, aber welche Steinzeit meinst du damit?

Lukas: Na, die Steinzeit eben!

Prof. Martin: Gut, aber weißt du, es gab ganz unterschiedliche „Steinzeiten".

Lukas: Wie soll ich denn das nun verstehen?

Prof. Martin: Das ist eine lange Geschichte, unsere Geschichte, die wir, wenn du Zeit hast, zusammen verfolgen.
Unsere Geschichte beginnt in Afrika. Dort haben vor ungefähr 8 Millionen Jahren einige Affenarten angefangen, sich dauerhaft auf ihre Hinterbeine zu stellen und aufrecht zu laufen.

Lukas: Wie können wir wissen, dass diese Affen aufrecht gingen?

Prof. Martin: Wir können es an der Form der Knochen erkennen, die wir gefunden haben. Und schließlich haben Archäologen in Tansania, das ist in Ostafrika, Spuren von diesen Menschenaffen gefunden.

Lukas: War das die berühmte Lucy?

Prof. Martin: Nein, aber sie gehören zur gleichen Art. Lucy wurde in Äthiopien gefunden. Sie wurde nach dem Lied „Lucy in the sky with diamonds" benannt. Es zählte zu den Lieblingsliedern der Wissenschaftler, die Lucy entdeckt haben. Es war im Jahr 1978, als Professor Hill diese fossilen Fußspuren von drei Menschenaffen, die aufrecht gingen, bei Laetoli entdeckten. Hill fand die Spuren auf dem Rückweg von einer Grabungsstelle, als er hinfiel und an dieser Stelle den Abdruck eines menschlichen Fußes erkannte.

Lukas: Und woran sah man, dass diese Menschenaffen aufrecht gingen?

Prof. Martin: Die Abdrücke zeigten, dass der große Zeh in einer Reihe mit den anderen Zehen stand und nicht, wie beim Affen, abgespreizt war. Die Erzeuger der Spuren waren vor rund 3,6 Millionen Jahren nebeneinander über frische und von leichtem Regen angefeuchtete vulkanische Asche des 20 km entfernten Vulkans Sadiman gegangen. Die durchfeuchtete Asche härtete in der Sonne aus und wurde von weiteren Ascheschichten bedeckt. Die etwa 30 Meter lange Doppelspur mit ca. 70 Fußabdrücken wird von vielen Forschern der Gattung Australopithecus afarensis („der südliche Affe aus dem Afar") zugeordnet, der zu jener Zeit in dieser Region lebte. Eines der drei Individuen lief exakt in den Abdrücken eines anderen Individuums. Ein deutlich kleineres Individuum, vielleicht ein Kind oder eine zierliche Frau, lief nebenher.

Rekonstruktion der aufrecht gehenden Menschenaffen in Laetoli

Steinzeit

Der Australopithecus

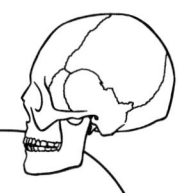

Arbeitsblatt

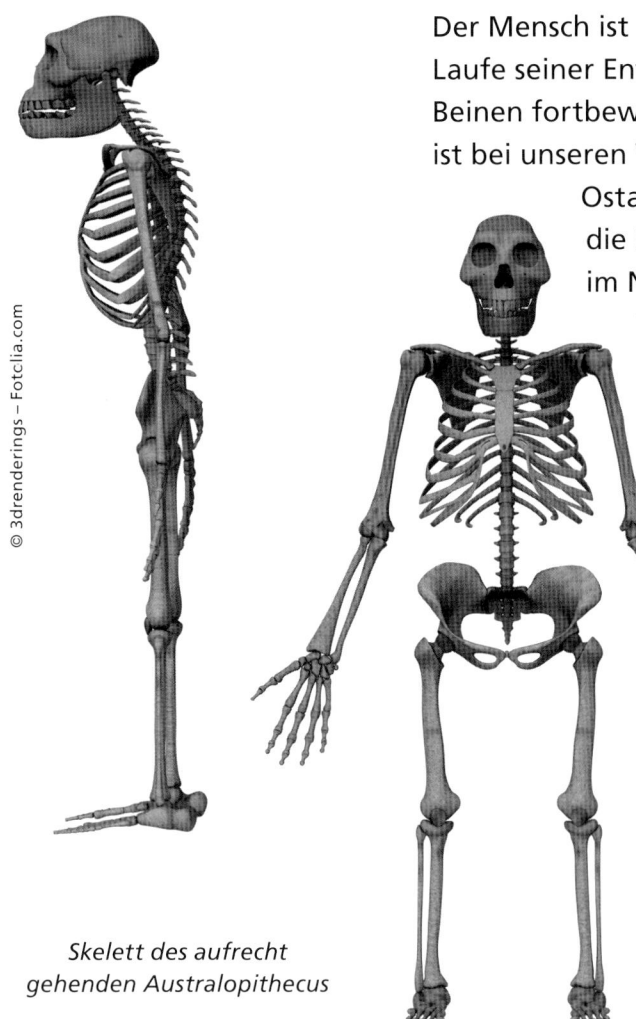

Der Mensch ist eines der wenigen Lebewesen, das sich im Laufe seiner Entwicklung aufgerichtet hat und auf zwei Beinen fortbewegt. Der zweibeinige Gang des Menschen ist bei unseren Vorfahren, die in den damaligen Wäldern Ostafrikas lebten, entstanden. Davon zeugen die Fußspuren, die Wissenschaftler bei Laetoli im Norden Tansanias in Afrika gefunden haben. Vor etwa 3,6 Millionen Jahren liefen hier drei Lebewesen durch frische vulkanische Asche und hinterließen Fußabdrücke. Diese Fußabdrücke zeigen, dass sie aufrecht gegangen sind.

Der aufrechte Gang ist ein Schlüsselereignis in der Entwicklung des Menschen und hatte tief greifende Folgen: Da der Schädel auf der Wirbelsäule balanciert wurde, benötigten unsere Vorfahren keinen großen Muskel mehr, um ihn zu tragen. So konnte sich das Gehirn weiter ausbilden.

Skelett des aufrecht gehenden Australopithecus

Aufgaben

1. Welche Vorteile könnte der aufrechte Gang bei den Vorfahren des Menschen in den Savannen erbracht haben? Macht gemeinsam ein Brainstorming, und sammelt eure Ideen an der Tafel.
2. Versuche, einen Stein oder irgendein anderes mittelschweres Objekt, das deinen Kopf darstellen soll, auf deiner Hand mit ausgestrecktem Arm vor deinem Körper zu halten. Strecke dann deinen Arm senkrecht zur Decke und balanciere den Stein auf deiner Hand. Was kommt dir leichter vor? Stoppe jeweils die Zeit, wie lange du es schaffst, den Stein zu halten.

Geschichte aktiv!

Steinzeit

Der Homo habilis

Infoblatt

Prof. Martin: Der Australopithecus lebte in Süd- und Ostafrika. Da er aufrecht ging, konnte sich sein Gehirn vergrößern. Er entwickelte sich weiter und so entstand eine neue Art Hominide. Wir nennen ihn Homo habilis („geschickter Mensch"). Vor ca. 2,5 Millionen Jahren hat er eine große Entdeckung gemacht.

> *Eine Gruppe Homo habilis läuft durch die afrikanische Savanne. In der Ferne sieht ein Mann aus der Gruppe einen toten Elefant. Zum Glück haben ihn die Hyänen und Löwen noch nicht entdeckt. Die Gruppe eilt schnell dorthin. Doch wie kommen sie nur an das Fleisch? Nirgends ist ein scharfer Steinsplitter zu finden, um den Elefanten zu häuten und auseinanderzunehmen. Und die Löwen und Hyänen lassen bestimmt nicht mehr lange auf sich warten ...*
> *Da greift einer der Männer einen runden Stein vom Boden und lässt ihn fallen. Der Stein bricht entzwei. Die Gruppe kann ihr Glück kaum fassen. Jetzt haben sie das nötige Werkzeug, um an das Essen zu kommen. Der Zufall hat ihnen gezeigt, dass sie die Steine nur zu schlagen brauchen, um an die scharfen Splitter zu kommen.*

Prof. Martin: Diese Geschichte ist natürlich frei erfunden, dennoch könnte sie sich so zugetragen haben.

Lukas: Aber Tiere haben auch Werkzeuge. Vögel z.B. besitzen einen Schnabel!

Prof. Martin: Moment mal, ein Werkzeug ist ein Objekt, das nicht zu deinem Körper gehört. Schnabel, Krallen und Zähne sind im engeren Sinne keine richtigen Werkzeuge. Es gibt Tiere, die Werkzeuge benutzen, wie z.B. der Seeotter, der Muscheln mit einem Stein aufbricht. Doch der Otter bearbeitet diesen Stein nicht. Wenn ich dir einen runden Stein in die Hand gebe und dich bitte, einen Apfel zu schneiden, wie machst du das?

Lukas: Na, ich kann den Stein brechen, um eine scharfe Kante zu bekommen?

Prof. Martin: Genau, und schon hast du dir ein Werkzeug gemacht, das du zum Schneiden benutzen kannst. Ein solches Werkzeug nennt man „Chopper". Ist der Stein auf beiden Seiten geschlagen, spricht man von einem „Chopping-Tool".

Lukas: Und nachdem die Gruppe Homo habilis den Elefanten auseinandergenommen hat, haben sie sein Fleisch am Spieß gegrillt!

Prof. Martin: Nein, sie benutzten noch kein Feuer. Sie wussten nicht wie man Feuer macht. Wahrscheinlich hatten sie auch Angst vor dem Feuer – wie alle anderen Tiere.

Plastische, wissenschaftliche Rekonstruktion & Foto eines Homo habilis

Steinzeit

Der Homo erectus (1/2)

Infoblatt

Rekonstruktion einer Homo-erectus-Frau

Lukas: Wann hat der Mensch angefangen, Feuer zu machen?

Prof. Martin: Das ist schwer zu sagen. Die ältesten Spuren von Feuer, die wir kennen, sind 1,5 Millionen Jahre alt. Wird sind jedoch überhaupt nicht sicher, ob diese Spuren tatsächlich von Menschen stammen. Die ältesten nachgewiesenen Spuren von Feuer, die in Verbindung mit Menschen gebracht werden, sind ca. 500 000, einige vielleicht 800 000 Jahre alt.
Mit der Zeit haben sich einige, noch lebende Australopithecus-Arten weiterentwickelt und es gibt Indizien, dass sie die Vorfahren einer neuen Menschenart sind: Wir haben ihn „Homo erectus" genannt, was „aufrechter Mensch" bedeutet.

Lukas: Aber seine Vorfahren gingen doch bereits aufrecht!

Prof. Martin: Stimmt. Dieser Name ist etwas unglücklich gewählt worden!

Lukas: Und der Homo erectus hat sein Fleisch nun endlich über dem Feuer gegrillt?

Prof. Martin: Ja, und das Feuer war noch in vielen anderen Belangen sehr nützlich: Es gab Licht in der Dunkelheit, Wärme, Tiere ließen sich vertreiben, Holzwaffen ließen sich im Feuer härten. Und zu guter Letzt, die Menschen konnten auch in kältere Regionen auswandern.

Lukas: Das heißt, vor der Feuernutzung sind die Menschen immer in Afrika geblieben?

Prof. Martin: Nein, einige haben Afrika schon vor der Entdeckung des Feuers verlassen. Wir finden ihre Spuren und Knochen z.B. in Frankreich, Spanien und Georgien. Nur als das Klima wieder kalt wurde, konnten sie nicht überleben und starben dort aus.

Lukas: Und wie genau hat der Homo erectus Feuer gemacht?

Prof. Martin: Das wissen wir nicht. Wir vermuten, dass er am Anfang Feuer nutzte, dass sich auf natürliche Weise, also z.B. durch einen Blitzeinschlag in einen Baum, entzündete. Im Laufe der Zeit hat er natürlich Methoden entdeckt, um selbst ein Feuer zu entfachen. Aber wir wissen nicht, wann ihm dies gelungen ist. Mit der Nutzung des Feuers konnte der Homo erectus endlich Afrika langfristig verlassen. Einige sind bis nach China und Java gewandert, einige nach Europa, und natürlich sind einige auch in Afrika geblieben.

Lukas: Von Afrika bis nach China? Der Homo erectus hatte wohl schnelle Beine!

Steinzeit

Der Homo erectus (2/2)

Infoblatt

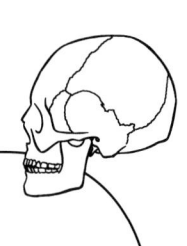

Faustkeil

Prof. Martin: Nein, kein Mensch ist damals von Afrika bis nach China gegangen. Jede Generation ist etwas weiter gezogen als die vorherige. So sind die Menschen mit der Zeit bis nach China und Indonesien gekommen. Die Vertreter des Homo erectus, die in Europa eingewandert sind – man nennt sie auch „Homo heidelbergensis" – haben sich zu einer neuen Art entwickelt: die Neandertaler. Der Homo erectus hat das „Chopping-Tool" weiterentwickelt. Daraus wurde ein Universalwerkzeug, das wir „Faustkeil" nennen. Mit dem Faustkeil konnte man Fleisch, aber auch Fell und Holz schneiden, Felle reinigen und Holzspeere anspitzen. Es war praktisch das Schweizermesser der Altsteinzeit!
Der Homo erectus war bereits so intelligent, dass er mit Holzspeeren auf die Jagd ging und Zelte und Hütten als Wohnstätte baute.

Rundzelt

Geschichte aktiv!

Steinzeit

Der Homo erectus

Arbeitsblatt

Plastische, wissenschaftliche Rekonstruktion & Foto eines Homo erectus

© Atelier WILD LIFE ART – Germany

Aufgaben

1. Versuche, einen faustgroßen Kieselstein mit einem anderen Stein so zu schlagen, dass du eine scharfe Kante bekommst. Vorsicht! Benutze eine Schutzbrille und Arbeitshandschuhe.

2. Mit der Entdeckung des Feuers hat der Homo erectus Afrika verlassen und ist bis nach Asien und Europa gewandert. Führe ein kleines Rechenexperiment durch: Wie lange dauert es, um die 12 000 km, die zwischen Ostafrika und Ostchina liegen, zu Fuß zu bewältigen, falls jede Generation nur 50 km weiter zieht als die vorherige und wir von 4 Generationen pro Jahrhundert ausgehen?

Geschichte aktiv!

Steinzeit

Wir machen Feuer! (1)

Arbeitsblatt

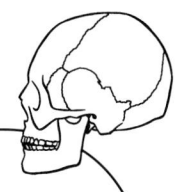

In der Zeit der Steinzeitmenschen war Feuer überlebenswichtig! Es gab Wärme am Lagerplatz und brachte die nötige Hitze zum Kochen. Doch wie haben die Menschen damals eigentlich Feuer gemacht? Was brauchte der Steinzeitmensch, um ein Lagerfeuer zu entfachen? Mit dieser Anleitung kannst du es selbst einmal ausprobieren.

Du brauchst:

- einen Feuerstein
- einen Markasit
- Zunderpilz (Baumpilz) oder Samen vom Rohrkolben (Wasserpflanze)
- leicht brennbares Material, z.B. Weidenkätzchen, Birkenrinde oder Heu vom Zoohandel

Tipp

Verwendest du Samen vom Rohrkolben als Zunder, musst du diese mit Salpeterwasser tränken und anschließend trocknen. Salpeterwasser erhältst du, indem du 20 g Kaliumnitrat in einem ½ Liter Wasser löst. Frage am besten bei deinem Chemielehrer nach!

So geht's:

Besorge dir beim Mineralienhändler ein halbe Knolle Markasit (ca. 5 cm Durchmesser) mit einer schönen Bruchfläche und ein längliches Stück Feuerstein. Bereite ein kleines „Nest" mit deinem Zunder (Baumpilz oder Rohrkolbensamen) vor.

Schlägst du Feuerstein an Markasit, lösen sich glühende Partikel: die Funken. Halte dazu deinen Markasitknollen mit der linken Hand knapp über den Zunder und schlage kräftig von oben nach unten mit dem Feuerstein auf die glänzende Bruchfläche, sodass die Funken auf den Zunder fallen. Wenn der Zunder anfängt zu glimmen, legst du ihn in ein größeres Nest aus Weidenkätzchen. Puste vorsichtig darauf, bis du ein Glutnest bekommst. Mit Stroh oder Birkenrinde gefüttert, kannst du jetzt dein Feuer entzünden.

Geschichte aktiv!

Steinzeit

Wir machen Feuer! (II)

Arbeitsblatt

Du brauchst:

- ein 1 bis 1,5 cm dickes Feuerbrett aus Weichholz (Fichte, Linde, Pappel, …)
- ein ca. 30 cm langes, fingerdickes Stück Haselholz als Spindel
- ein kleines Stück Leder (10 x 10 cm)
- einen Stein mit einer Vertiefung, der sich in der Natur findet
- einen ca. 80 cm langen Strick mit Schlaufen als Griffe am Ende
- Zunder, z.B. Samen von Rohrkolben, feine Birkenrinde
- leicht brennbares Material, z.B. Stroh oder Weidenkätzchen

So geht's:

Eine Methode, die auch schon in der Steinzeit üblich war, ist das Feuerbohren. Hierfür bereitest du als Erstes aus Stroh oder Weidenkätzchen ein kleines Zundernest vor, in das du Samen von Rohrkolben oder feine Birkenrinde legst. Nimm dann das Haselholzstück und spitze es an beiden Enden mit einem Messer an.

Anschließend drückst bzw. kratzt du mit dem Messer, einem Stück Feuerstein o. Ä. eine kleine Vertiefung in das Feuerbrett, die ca. 1,5 bis 2 cm vom Rand entfernt sein sollte. Nun schnitzt du von der Vertiefung zum Rand hin eine V-förmige Kerbe ins Brett. Lege unter das Brett ein Stück Leder, wickle den Strick drei- oder viermal um die Spindel und drücke sie mit der Spitze in die Vertiefung.

Stelle deinen rechten Fuß auf das Brett, um es festzuhalten. Während du mit dem Stein von oben auf die Spindel drückst, zieht ein Partner den Strick hin und her, um den Stab zu drehen. Nach kurzer Zeit beginnt es ordentlich zu rauchen. Durch die Reibung werden die abgeriebenen Holzspänchen so heiß, dass sie zu glühen beginnen und verkohlen. Der heiße Kohlenstaub schiebt sich durch die Kerbe. Lege Spindel und Brett weg und blase vorsichtig in den Kohlenstaub. Schließlich siehst du ein Glühen. Jetzt ist es an der Zeit, die Glut in das Zundernest zu legen. Puste gleichmäßig weiter, bis die ersten Flämmchen züngeln. Dann hast du es geschafft.

ZUNDERNEST

Steinzeit

Der Neandertaler (1/2)

Infoblatt

Prof. Martin: Vor 150 Jahren fanden Steinbrucharbeiter in einem kleinen Tal zwischen Düsseldorf und Mettmann die Überreste eines menschlichen Skeletts. Forscher fanden heraus, dass die Knochen zu einer eigenen Menschenart gehörten, die während der Steinzeit in Europa lebte. Die Forscher nannten diese Urmenschen nach dem Fundort „Neandertaler".

Lukas: War der Neandertaler unser Urgroßvater?

Prof. Martin: Nein, der Neandertaler war sozusagen unser Vetter. Er entwickelte sich aus dem Homo erectus, dem Stammvater der weit verzeigten Menschheitsfamilie. Er trennte sich von der Linie, aus der später der moderne Mensch hervorgehen sollte.

Lukas: Unterscheidet sich der Neandertaler denn sehr in seinem Aussehen von uns Menschen heute?

Prof. Martin: Unterschiede gibt es natürlich, aber nicht so stark, wie man immer denkt. Der Neandertaler war kleiner und viel muskulöser als wir Europäer. Seine Statur war robust und kompakt. Der Durchschnitts-Neandertaler wurde etwa 1,65 m groß und wog bis zu 80 kg. Das lag aber nicht an seinen Fettpolstern, sondern an seinen schweren und recht dicken Knochen. Am auffälligsten am Gesicht des Neandertalers sind die dicken Wülste über seinen Augen und die fliehende Stirn. Die vergleichsweise breite Nase und die großen Nasennebenhöhlen hatten natürlich auch ihre Vorteile: Sie machten die Kälte während der Eiszeit etwas erträglicher, weil die kühle Luft in ihnen vorgewärmt wird, bevor sie in die Lunge gelangte.

Lukas: Stimmt es, dass die Neandertaler Höhlenmenschen waren?

Rekonstruktion des Neandertalers

Prof. Martin: Würdest du dich denn gern in die kleinen, feuchten Löcher zwängen?

Lukas: Ähm, … wohl eher nicht.

Prof. Martin: Tja, und den Neandertalern ging es da nicht anders. Sicherlich suchten die Neandertaler auch mal Unterschlupf in einer Höhle, wenn sie groß genug war und nicht gerade von einem Höhlenbär bewohnt wurde. Aber als Wohnstätte bevorzugten sie dann doch lieber Zelte.

Lukas: Wenn die Neandertaler schon Zelte aus Tierhäuten, -fellen und Knochen hatten, dann stellen sie bestimmt auch Kleidungsstücke her?

Prof. Martin: Davon müssen wir ausgehen. Wir haben zwar bei Ausgrabungen keine Kleiderreste gefunden, weil der Neandertaler aber überwiegend während der letzten Eiszeit gelebt hat und damals die Winter bitterkalt waren, hätten sie ohne Schutz nicht überleben können.

Lukas: Und von was hat sich der Neandertaler ernährt?

Steinzeit

Der Neandertaler (2/2)

Infoblatt

Prof. Martin: Er hat viel gejagt, sprich sehr viel Fleisch gegessen. In Eiszeiten braucht der Mensch sehr viel Energie, die er sich mit dem Fleisch und Fett der gejagten Tiere zuführen kann. Wurzeln, Nüsse, Beeren, Schnecken oder vielleicht auch Fische haben den Speiseplan ergänzt.

Lukas: Der Neandertaler scheint ja schon ein recht intelligenter Mensch gewesen zu sein?

Prof. Martin: Stimmt. Der Neandertaler stellte für die Jagd Waffen her und fertigte bei seinen Steinwerkzeugen überraschend feine Steinabschläge. Schnitzkunst oder Höhlenmalerei wiederum kannte er mit ziemlicher Sicherheit noch nicht. Was aber vielleicht noch viel wichtiger ist: Er besaß ein ausgeprägtes Sozialverhalten.

Lukas: Was heißt das denn jetzt genau?

Prof. Martin: Na ja, er kümmerte sich um Kranke und Verletzte. Das belegen Skelettreste, die genauer untersucht wurden. Besonders schlimm hat es einen Neandertaler im heutigen Irak getroffen. Der etwa 30–40 Jahre alte Mann hatte zu Lebzeiten durch den Bruch des linken Wangenbeins in Augenhöhe zumindest teilweise sein Augenlicht verloren. Außerdem fehlte der rechte Unterarm, und zu allem Überfluss war sein rechtes Bein verkrüppelt. Da alle Verletzungen Verheilungen aufweisen, müssen andere Mitglieder der Gruppe sich um den Behinderten gekümmert haben. „Menschliche" Verhaltensweisen wie Mitgefühl waren dem Neandertaler nicht fremd.

Lukas: Irak? Ich dachte, der Neandertaler trat nur in Europa auf!

Prof. Martin: Der Neandertaler lebte überwiegend in Europa, im Nahen und Mittleren Osten. Seine Spuren finden sich z.B. in Israel, im Irak oder auf Gibraltar.

Lukas: Hatten die Neandertaler bereits eine eigene Sprache?

Prof. Martin: Es gibt keinen Grund, daran zu zweifeln. Allein schon die Weitergabe der Jagdmethoden und Techniken zur Herstellung von Steinwerkzeugen macht es sehr wahrscheinlich, dass der Neandertaler sprechen konnte. In Israel wurde sogar das Zungenbein eines Neandertalers ausgegraben – die Voraussetzung für Sprache. Ach ja, und ein ganz wichtiges Detail hätte ich jetzt fast vergessen!

Lukas: Jetzt bin ich aber gespannt …

Prof. Martin: Der Neandertaler begann, seine Toten zu bestatten.

Lukas: Ist das so wichtig?

Prof. Martin: Und ob! Es bedeutet, dass sich der Neandertaler gefragt hat, ob es etwas nach dem Tod gibt. Wir haben hier den Anfang von etwas, das wir „Religion" oder „Glaube" nennen, auch wenn dieses Gefühl noch sehr unklar war.

Der Neandertaler (1/2)

Arbeitsblatt

250 000 Jahre lang beherrschten die Neandertaler Europa. Dass es sie überhaupt gab, kam erst vor 150 Jahren ans Licht, als bei Mettmann im Neandertal ein Schädel des Urzeitmenschen gefunden wurde. Seitdem rätseln wir: Wer war unser entfernter Verwandter? Wie hat wohl sein Alltag ausgesehen?

Aufgabe

Mache eine Zeitreise zu den Neandertalern und versuche, das Quiz zu lösen. Lies dir die Fragen durch, und kreuze die Antworten an, von denen du glaubst, dass sie richtig sind. Achtung: Es können auch mehrere Antworten richtig sein!

1. **Die Sonne ist gerade aufgegangen, als Morek erwacht und die Augen öffnet. Verschlafen blickt er sich um. Wo ist er?**

    ☐ In einer Höhle
    ☐ In einem Iglu
    ☐ In einem Zelt

2. **Morek reibt sich die Müdigkeit aus den Augen, bevor er aufsteht. Was soll er heute nur anziehen?**

    ☐ Er schlüpft in seinen Bärenfellparka mit Schneehasenfutter. Der ist kuschelig und hält schön warm.
    ☐ Er zieht gar nichts an, denn so etwas wie Kleidung kennt Morek überhaupt nicht.
    ☐ Er bindet sich einen Lendenschurz um und legt Schmuck an: Ketten, Ringe und bunte Lederarmbänder.

3. **Ein Teil der Gruppe will heute zur Jagd aufbrechen. Was nehmen sie mit?**

    ☐ Keulen, um die Tiere zu erschlagen.
    ☐ Da sie nur Tiere essen, die bereits tot sind, reicht scharfes Steinwerkzeug. Damit können sie das Fleisch zerschneiden.
    ☐ Wurfspeere, zum Jagen der Tiere.

4. **Morek hat keine Lust, auf die Jagd mitzugehen. Was macht er?**

    ☐ Er kann nicht sprechen. Mit Hilfe einer Zeichensprache erklärt er den anderen, dass er im Lager bleibt.
    ☐ Er kann sprechen und sagt, dass er nicht mitkommen wird.
    ☐ Er teilt den anderen mit, dass er nicht jagen geht. Als die anderen aufgebrochen sind, setzt er sich ans Feuer und schnitzt einen Speer.

Geschichte aktiv!

Steinzeit

Der Neandertaler (2/2)

Arbeitsblatt

5. Nach einiger Zeit knurrt Moreks Magen. Zum Glück findet er noch Fleischreste von einem erlegten Steinbock. Was macht er damit?

- [ ] Er isst das Fleisch einfach roh.
- [ ] Er spießt das Fleisch auf einen Stock und grillt es über dem Feuer.
- [ ] Morek mag eigentlich nicht so gerne Fleisch, stattdessen sucht er im Wald nach Nüssen und Beeren.

6. Die Männer kehren von der Jagd zurück. Es war ein erfolgreicher Tag. Sie haben ein Rentier und ein Wildpferd erlegt. Doch einer aus der Gruppe wurde schwer verletzt: Er hat eine klaffende Wunde am Bein, und sein rechter Arm ist gebrochen. Wie verhalten sich Morek und seine Gruppe?

- [ ] Sie bringen ihn ins Lager und pflegen ihn.
- [ ] Eine Frau kennt sich gut mit Heilkräutern aus und bestreicht seine Wunde mit Pflanzenbrei. Morek hilft ihr, den gebrochenen Arm zu schienen.
- [ ] Falls der Mann sich in ein paar Tagen nicht erholt, wenn die Gruppe weiterzieht, muss er alleine zurückbleiben.

7. Trauergesänge sind im Lager zu hören. Eine Woche ist seit dem Jagdunfall vergangen. Trotz intensiver Pflege ist der Mann an seinen Verletzungen gestorben. Was machen Morek und die anderen?

- [ ] Sie lassen ihn einfach liegen.
- [ ] Sie werfen ihn in den nächsten Fluss.
- [ ] Sie begraben ihn.

Speerschnitzender Neandertaler

Steinzeitmesser

Arbeitsblatt

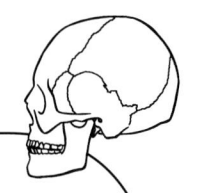

Die ältesten Werkzeuge sind schon über 2,5 Millionen Jahre alt. Mit Steinzeitmessern konnte man sehr gut Felle oder Fleisch schneiden, Holz bearbeiten und vieles mehr. Mit dem Superkleber der Steinzeit, der aus Birkenrinde hergestellt wurde, klebten die Steinzeitmenschen Klingen in Messerschäfte oder Speerspitzen ein.

Du brauchst:

- ein Stück Pappelrinde oder weiches Holz
- ein Stück Feuersteinabschlag (flache Feuersteinklinge)
- Kiefernharz (Kolophonium)
- Bienenwachs
- Rötel oder fein gemahlene Holzkohle
- einen Topf
- einen Holzstab
- einen Spatel
- Schleifstein

So geht's:

Als Erstes ritzt du mit dem Feuersteinabschlag in die Längsseite der Pappelrinde eine etwa 2 cm tiefe Rille. Prüfe anschließend, ob die Feuersteinklinge in die Rille passt – wenn nicht, dann musst du hier noch einmal etwas nacharbeiten. Schleife dann das bearbeitete Stück Pappelrinde auf dem Schleifstein schön glatt, damit du später beim Gebrauch des Messers keine Holzsplitter in die Hand bekommst.
Nun musst du den Kleber vorbereiten, damit du die Feuersteinklinge in die Birkenrinde einkleben kannst. Schmelze hierfür langsam in einem Topf im Verhältnis 2:1 das Kiefernharz und gib Stück für Stück das Bienenwachs dazu. Rühre immer wieder mit dem Holzstab um, damit sich alles gut vermischt. Zum Schluss gibst du noch etwas Rötel oder Holzkohle in die Klebmischung.
Jetzt muss es schnell gehen! Schmiere mit dem Spatel den geschmolzenen Klebstoff in die Rille und stecke die Feuersteinklinge hinein. Den herausquellenden Klebstoff streichst du mit dem Spatel glatt. Lass dein Steinzeitmesser noch etwas abkühlen, bevor du den Praxistest machst.

Tipp

Den Klebstoff nur verwenden, solange er noch heiß ist! Ist er zu brüchig, dann mische einfach noch etwas Wachs dazu, ist er zu weich, braucht es noch etwas mehr Harz.

Geschichte aktiv!

Steinzeit

Der Cro-Magnon-Mensch (1/3)

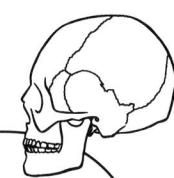

Infoblatt

> Das ist die Geschichte von Taimon. Taimon gehört einem neuen Menschentyp an, dem Cro-Magnon-Mensch, der vor 35 000 Jahren Europa betritt. Doch in Europa leben bereits die Neandertaler. Wie ihr erster Kontakt wohl abgelaufen sein könnte? Taimon erzählt uns davon.

Seit mehreren Monden sind wir unterwegs. Wir haben die Gruppe unserer Stammesbrüder vor längerer Zeit verlassen. Die Gruppe war einfach zu groß, sodass es nicht mehr genügend Tiere zum Jagen für uns alle gab. Normalerweise können wir für bis zu 50, manchmal 60 Personen Nahrung finden. Doch bei mehr als 80 Menschen in einer Gruppe wird es eng.

So haben wir uns aufgespalten, um neue Jagdgründe zu finden.

Unsere Wanderung hat uns entlang der Küste geführt. Wir haben mal hier und mal dort unsere Zelte aufgeschlagen, und manchmal sind wir für zwei, drei Monde an einem Ort geblieben.

Eigentlich habe ich keinen Grund, mich zu beklagen: Ich habe meine Eltern, meine Großeltern – sie wurden vor ungefähr 55 Winter geboren – und mit Talik, Fahlan und Mintra, meinen zwei großen Brüdern und meiner kleinen Schwester, teile ich mir gerecht die Last. Ich trage das Material, mit dem wir Feuer machen. Das ist eine große Verantwortung, denn das Material darf auf keinen Fall nass werden. Außerdem habe ich trockenes Fleisch und trockene Beeren sowie Seile aus geflochtenen Tierhautstreifen für die Zelte in meiner Tasche. In Taliks Taschen befinden sich die Geweihstücke, mit denen wir die Feuersteinklingen schlagen, und einige schöne, aber schwere Feuersteinknollen. Fahlan trägt die gegerbten Felle, mit denen meine Mutter Tinian und meine Großmutter Aliti unsere Kleider nähen.

Meine Eltern transportieren die größte Last, unser Zelt. Sie schleppen die schweren Zelthäute auf Stangen, an denen sie angebunden sind. Mein Großvater ist für das Jagdzeug, die Speere und die Speerschleuder, verantwortlich. Meine kleine Schwester Mintra und Großmutter haben auch ihre Päckchen zu tragen. Sie hüten die leichteren, dafür aber wertvollen kleinen Sachen: die schönen Knochennadeln, die Fäden aus Tiersehnen, die feinen Steinwerkzeuge.

Meiner Familie haben sich noch drei Männer mit ihren Frauen angeschlossen. Wir kommen miteinander ganz gut klar. Meistens läuft ein Teil der Männer vorne, wir Kinder gehen in der Mitte, und der Rest, die Älteren und die Frauen mit einigen Männern, schließen den Tross ab. Am beschwerlichsten ist die Wanderung für Mayan, die Mutter meines Freundes Gara. Sie erwartet ein Kind.

Der Cro-Magnon-Mensch (2/3)

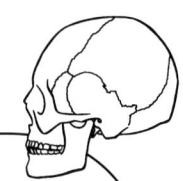

Infoblatt

Bald wird Gara eine Schwester oder einen Bruder bekommen.
Hinter uns liegt ein schwerer Marsch. Wir haben einen Bergpass überquert, um ins andere Tal zu gelangen. Zu allem Überfluss hat es die Nächte zuvor geschneit, sodass der Weg sehr beschwerlich war.
Nun haben wir das Tal endlich erreicht. Es ist ein weites Tal, mit einem Bach, einigen Birkenwäldchen und Gebüschgruppen. Das Gras wächst üppig. Ein gutes Zeichen für die Jagd! Auf einer Anhöhe haben wir unser Lager aufgeschlagen. Ein paar Männer haben Holz gesammelt und das Feuer entfacht. Jetzt sind wir für einige Tage eingerichtet.
Morgen geht es auf die Jagd, denn unser Vorrat an Nahrung geht langsam zu Ende. Die Männer besprechen die Lage am knisternden Feuer. Ourec hat unten im Tal Spuren von Bisons entdeckt. Bisonfleisch ist lecker und reichhaltig. Doch die Jagd ist gefährlich und muss gut geplant sein. Die Männer beschließen, die Bisonherde in Richtung der Felsen beim Bach zu treiben, um ein Tier von der Herde zu trennen. Gelingt dieses Vorhaben, wollen sie das Tier das Tal hinauftreiben. Dort warten die Jäger, um die Beute mit Speeren zu töten. Ich bin schrecklich aufgeregt. Zum ersten Mal darf ich an der Jagd teilnehmen! Als „Treiber" soll ich mit Fackeln und lauten Schreien die Bisonherde in Richtung der Jäger leiten.
Früh am Morgen weckt mich meine Mutter: „Taimon, aufwachen!"
Verschlafen reibe ich mir die Augen.
„Taimon, beeil dich! Die Männer warten nicht gerne", meint Mutter energisch. Widerwillig stehe ich auf. Es war so gemütlich unter den warmen Rentierfellen. Hastig schlinge ich mein Frühstück hinunter: trockenes, zerriebenes Fleisch mit Fett und getrockneten Beeren vermischt. Das gibt Kraft für die Jagd!
Mit einem Teil der Männer gehe ich ins Tal hinunter. Die Jäger warten versteckt hinter den Felsen. Wir schmieren uns mit Bisondung ein, damit die Tiere auf unseren Menschengeruch nicht aufmerksam werden.
In sicherem Abstand kreisen wir die Herde ein. Mirc nickt Gara und mir mit dem Kopf zu. Unser Zeichen zum Angriff! Wir stürmen los, als plötzlich aus einem Seitental drei kräftige, untersetzte Männer mit langen Holzlanzen in Richtung der Bisonherde rennen. Wie angewurzelt bleibe ich stehen. Sind diese Männer denn von allen guten Geistern verlassen? Einfach so, nur mit Handwaffen, eine Herde von Bisons anzugreifen? Gebannt verfolge ich das Schauspiel.
Die Bisons geraten in Panik, stieben auseinander und jagen davon. Nur eine kräftige Bisonkuh wird von der Herde getrennt. Sie bleibt stehen. Die fremden Männer kreisen das Tier ein. Einer der Jäger rammt seine Lanze in die Seite. Das Tier bäumt sich auf und erwischt mit einer Hufe einen der Jäger am Kopf. Der Mann fällt um und bleibt liegen. Der dritte Jäger rammt mit voller Wucht seine Lanze von unten durch den Brustkorb der Kuh. Das Tier bleibt einen Moment stehen, dann kippt es um. Die beiden Männer nicken sich zufrieden zu, bevor sie sich schnell ihrem Freund zuwenden, um seine Verletzungen zu untersuchen.
Ich erwache langsam aus meiner Erstarrung und setze mich in Bewegung. Inzwischen sind auch unsere Jäger aus ihrem Versteck

Der Cro-Magnon-Mensch (3/3)

Infoblatt

hervorgekommen und nähern sich der Dreiergruppe. Erst jetzt bemerken uns die fremden Männer. Sie heben ihre Köpfe und schauen uns verwundert an.
Einer der Männer wendet sich an Tolo. Er spricht ihn in einer Sprache an, die wir nicht verstehen. Die Laute klingen kehlig und rau. Ratlos blicken wir uns an.
Ein Stöhnen zerreißt die Stille. Tolo und einer der Fremden beugen sich zu dem Verletzten hinunter. Er hat eine klaffende Wunde am Kopf, und sein rechter Arm steht in einem seltsamen Winkel vom Körper ab.
„Der Mann muss schnell behandelt werden, sonst stirbt er", bemerkt Tolo.
„Dann bringen wir ihn zu unserem Lager. Dort kannst du ihn mit deiner Medizin versorgen", erwidert Mirc.
Mirc zeigt mit seinen Händen in Richtung des Lagers. Er versucht, den fremden Männern klarzumachen, was wir vorhaben. Sie scheinen uns zu verstehen.
Ich helfe unseren Männern, eine Bahre aus Holzstöcken und Ästen zu bauen. Vorsichtig heben wir den Verletzten auf das Krankenbett. Dann machen wir uns auf den Weg.
Die Frauen im Lager laufen wie aufgescheuchte Hyänen herum. Sie haben unser Kommen schon von Weitem gesehen. Sie sind neugierig auf die fremdartig aussehenden Männer.
Tolo lässt den verletzten Mann sofort in sein Zelt tragen. Er setzt einen beruhigenden Kräutertrank auf, bevor er sich an die Behandlung des Verletzten macht.
Mit Staunen in den Augen sehen sich die fremden Männer in unserem Lager um. Ihre Blicke streifen bewundernd über unsere mit feinen Nähten gefertigte und mit Perlen verzierte Kleidung. Ehrfürchtig berühren sie unseren Schmuck aus Tierzähnen und Mammutelfenbein.
Mirc und Ourec bedeuten den beiden Männern, dass es Zeit wird, wieder aufzubrechen, sonst fallen noch die Höhlenlöwen über die tote Bisonkuh her. Und so machen sich die Männer wieder auf ins Tal. Interessiert beobachten die Fremden, wie Mirc und Ourec mit den langen, schmalen Klingen ihrer Steinmesser die erlegte Bisonkuh auseinandernehmen. Das geht viel besser als mit den Messern der Fremden, die kürzer und breiter sind. Gemeinsam schleppen sie das Fleisch in unser Lager.
Die nächsten Tage werden wir gut leben. Der schwer verletzte Jäger bleibt bei uns im Lager. Durch Tolos Pflege kommt er langsam wieder auf die Beine. Abends sitzt er bei uns am Feuer und lauscht wie verzaubert der Flöte, auf der Fahlan immer spielt.
Eine Woche später wird er von seinen Jagdgefährten zu seiner Gruppe zurückgebracht. Als Dank für unsere Hilfe haben sie uns ein paar schöne Stücke Fleisch überreicht. Ich bin gespannt, ob wir in Zukunft in diesem Tal auf noch mehr Menschen dieser Art treffen werden.

Der Cro-Magnon-Mensch

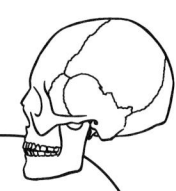

Arbeitsblatt

Als vor 35 000 Jahren das Klima milder wird, betritt ein neuer Menschentyp Europa: Der Cro-Magnon-Mensch aus Afrika. Er sieht nicht nur anders aus, er lebt und denkt auch anders als der Neandertaler. Sein Gehirn ist nicht größer, doch sein Denken beweglicher, erfinderischer. In großen Gruppen bis zu 50 Personen beginnt der „neue Mensch", die fruchtbaren Täler zu besiedeln. Es gibt keinen großen Kampf, keine Schlacht zwischen den zwei Menschentypen. Im Gegenteil: In manchen Gegenden leben Neandertaler und Cro-Magnon-Menschen noch Generationen friedlich nebeneinander. Irgendwann verliert sich dann die Spur des Neandertalers. Bis heute wissen wir nicht genau, warum der Neandertaler ausgestorben ist. Doch wie könnte die erste Begegnung zwischen Neandertaler und Cro-Magnon-Menschen wohl abgelaufen sein?

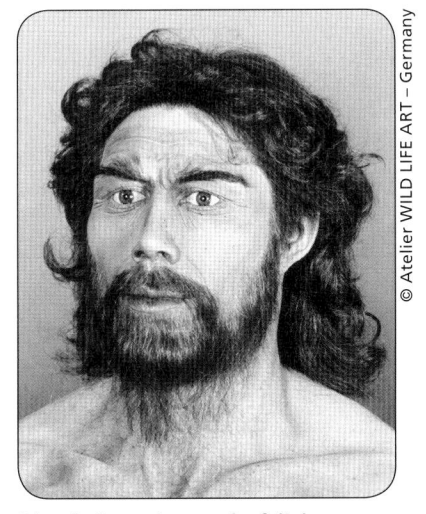

Plastische, wissenschaftliche Rekonstruktion & Foto eines Cro-Magnon

Tipp

Davon könnte der Neandertaler erzählen:
- Wie wohnen diese Menschen?
- Wie sind sie gekleidet?
- Welche Werkzeuge/Waffen haben sie?
- Was können die Neandertaler von diesen Menschen lernen?
- Wie hat die Verständigung funktioniert?

Aufgaben

1. Lest gemeinsam die fiktive Erzählung von Taimon, einem Cro-Magnon-Jungen, der mit seiner Gruppe auf Neandertaler trifft (S. 26–28).
2. Macht gemeinsam ein Brainstorming: Was erfahrt ihr in der Geschichte über den neuen Menschen?
3. Wie haben die Neandertaler wohl die Begegnung mit den Cro-Magnon-Menschen erlebt? Schreibe eine kleine Erzählung aus der Sicht eines Neandertalers.

Geschichte aktiv!

Steinzeit

Speerschleuder

Arbeitsblatt

Du brauchst:

- eine trockene Astgabel (Länge: ca. 60 cm)
- eine Säge
- ein Taschenmesser
- einen Rundstab aus Fichte/Kiefer/Tanne (Länge: ca. 2 m; Durchmesser: 12 mm)
- drei Federn (Gans, Truthahn)
- Steinzeitkleber
- dünnes Garn

Tipp

Wählt zum Ausprobieren der Speerschleuder ein großes, freies Außengelände. Markiert mit einem Seil eine Abwurflinie. Nur von hier aus dürft ihr werfen! Eingesammelt wird erst, wenn alle ihre Speere geschleudert haben!

So geht's:

Suche dir für die **Schleuder** eine stabile Astgabel, bei der eine Asthälfte etwa so lang ist wie dein Unterarm. Die andere Hälfte sägst du auf ungefähr 1,5 cm Länge ab. Anschließend entfernst du die Rinde vom Ast. Den übrig gebliebenen Astansatz schnitzt du mit dem Taschenmesser spitzrund zu. Fertig!

Für den **Wurfspeer** spitzt du den Rundstab an einem Ende mit dem Taschenmesser zu. Anschließend härtest du die Spitze im Feuer. In das andere Ende, den Speerschaft, arbeitest du mit dem Messer eine Vertiefung ein. Diese Aushöhlung sollte etwa 5 bis 10 mm tief sein.

Die Federn für den Schaft halbierst du am Federkiel. Trenne vorsichtig am Federanfang und -ende mit einem scharfen Messerchen etwa 1 cm der Federn oberhalb des Kiels ab. Bestreiche nun den ersten Federkiel mit Steinzeitkleber und bringen ihn am Schaft an. Der Abstand vom Federende bis Schaftende sollte etwa 4 bis 5 cm betragen. Nacheinander klebst du nun die beiden anderen Federkiele auf die gleiche Art an. Achte dabei auf einen gleichmäßigen Abstand der drei Federn zueinander. Zum Schluss, wenn der Kleber getrocknet ist, umwickelst du den Federkiel spiralförmig nach hinten mit Garn.

Jetzt kannst du deine Speerschleuder im Praxistest erproben!

Hier ein paar Hinweise zur **Wurftechnik**:

- Die Finger der Wurfhand umklammern den Griff der Schleuder.
- Daumen und Zeigefinger stützen den Speer.
- Halte die Schleuder mit dem Speer auf Augenhöhe und visiere dein Ziel an.
- Die Bewegung (Abwurf) wird mit ausgestrecktem Arm ausgeführt. Dabei lösen sich Daumen und Zeigefinger vom Schaft, und der Speer wird nach vorne geschleudert.

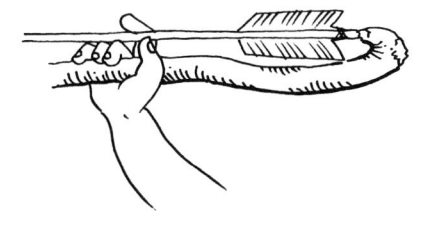

Geschichte aktiv!

Steinzeit 30

Eiszeiten und Warmzeiten (1/2)

Infoblatt

Prof. Martin: Das Leben der Menschen in der Steinzeit verlief nicht immer gleich. Das lag daran, dass sich das Klima mehrmals stark veränderte.

Lukas: Dann stimmt der Begriff „Eiszeitmenschen" also nicht?

Prof. Martin: Oft verbindet man die Steinzeit mit der Eiszeit. Das ist aber nicht ganz richtig. In der Steinzeit gab es auch warme Perioden, manchmal war es damals sogar wärmer als bei uns heute.

Lukas: Wie oft wechselte das Klima in der Steinzeit?

Prof. Martin: Mit dem Auftreten der ersten Menschen vor etwa 2,6 Millionen Jahren begann das jüngste Eiszeitalter, das wir „Quartär" nennen und das bis heute andauert. Allein in den letzten 700 000 Jahren gab es eine Vielzahl inzwischen gut untersuchter Eis- und Warmzeiten.

Prof. Martin: Während einer Eiszeit schneite es auch im Sommer. Unter dem Druck der Schneemassen bildeten sich Eispanzer, die bis zu 3 000 m dick sein konnten. Vor den Gletschern taute der Boden auch in den Sommermonaten kaum auf. Die Durchschnittstemperatur lag im Juli bei +5 °C; im Winter bei sank sie bis zu −40 °C.

Abfolge der Eis- und Warmzeiten

Zeit	Klimastufe	Bevölkerung in Europa
680 000–620 000 Jahre	Günz-Eiszeit	
620 000–455 000 Jahre	Günz-Mindel-Warmzeit	
455 000–350 000 Jahre	Mindel-Eiszeit	Homo erectus
350 000–200 000 Jahre	Mindel-Riss-Warmzeit	
200 000–130 000 Jahre	Riss-Eiszeit	Homo neanderthalensis (Neandertaler)
130 000–110 000 Jahre	Riss-Würm-Warmzeit	
110 000–40 000 Jahre	Würm-Eiszeit	Homo sapiens (Cro-Magnon-Mensch)

Eiszeiten und Warmzeiten (2/2)

Infoblatt

Lukas: Brrrr, ganz schön eisig. Und wie sah die Landschaft damals aus?

Prof. Martin: Durch den Wechsel von Kalt- und Warmzeiten änderte sich natürlich auch jeweils das Landschaftsbild. In den Kaltzeiten ähnelte die Landschaft der Tundra, wie man sie heute z.B. in Nordsibirien findet: Eine Steppenlandschaft mit niederen Sträuchern, Flechten, Moosen und ein paar vereinzelten Bäumen. Die Tiere, die nicht an die Kälte gewöhnt waren, zogen fort oder starben aus. Andere, wie das Mammut, das Wollnashorn oder das Rentier, breiteten sich aus. Gegen Ende einer Eiszeit wurde es allmählich wärmer, die Warmzeit begann. Die Landschaft wurde wieder grüner, Waldlandschaften entstanden, und Tiere, die ein wärmeres Klima brauchten, kehrten zurück.

Mammuts wurden durch den Klimawandel ausgerottet.

Fauna während der Eis- und Warmzeiten

Warmzeit	Sowohl als auch	Eiszeit
Waldelefant	Rothirsch	Mammut
Waldnashorn	Pferd	Wollnashorn
Damhirsch	Riesenhirsch	Rentier
Reh	Höhlenbär	Eisfuchs
Wildschwein	Höhlenlöwe	Lemming
Auerochse	Höhlenhyäne	Bison
Flusspferd		Saiga-Antilope
Wasserbüffel		Moschusochse
Edelhirsch		Schneehase

Steinzeit

Die Tierwelt

Arbeitsblatt

Aufgaben

1. Auf den Bildern sind einige Steinzeittiere zu sehen. Kennst du den Namen dieser Tiere?
2. Fertige einen Steckbrief zu einem Tier deiner Wahl an. Werfe dazu auch noch einmal einen Blick in die Übersicht zur „Fauna während der Eis- und Warmzeiten" (S. 32).
3. Gestalte ein Landschaftsbild mit Menschen und Tieren, so wie es während einer Eis- oder Warmzeit in Europa ausgesehen hat.

1 _____

3 _____

2 _____

Tipp

Nimm dir ein Tierlexikon und Sachbücher zur Steinzeit zur Hilfe. Bestimmt wirst du in der Schulbibliothek fündig.

4 _____

Geschichte aktiv!

Steinzeit 33

Wie die Menschen wohnten

Infoblatt

Lukas: Wie haben die Menschen in der Steinzeit gelebt? In der Geschichte von Taimon, dem Cro-Magnon-Jungen, zog die Gruppe mit ihren Zelten von Ort zu Ort.

Prof. Martin: Die Menschen in der Altsteinzeit blieben nie lange an einem Ort, sondern lebten als Nomaden. Als Jäger und Sammler wechselten sie oft den Wohnplatz. Sie folgten den Tierherden, die weit verstreut durch die Landschaft zogen. Für uns Archäologen ist es natürlich leichter, in Höhlen nach Funden aus der Steinzeit zu suchen, da wir wissen, dass die Menschen damals gerne im Schutz der Höhlen siedelten. Es gab Höhlen, in denen die Menschen das ganze Jahr über lebten, und andere, die nur gelegentlich, zu bestimmten Jahreszeiten bewohnt waren.

Lukas: Und wenn es keine Höhlen gab?

Prof. Martin: In Regionen, in denen es keine Höhlen gab, bauten die Menschen der Altsteinzeit Zelte auf. Noch heute gibt es viele nomadische Völker, die Zelte unterschiedlicher Formen als Wohnstätte nutzen.
Denke z.B. nur einmal an die Tipis der nordamerikanischen Indianer oder an die Jurten der Mongolen. Und natürlich haben sich die Menschen auch einfach Hütten gebaut. In Osteuropa hat man beispielsweise die Überreste von Hütten aus Mammutknochen und Ästen gefunden.

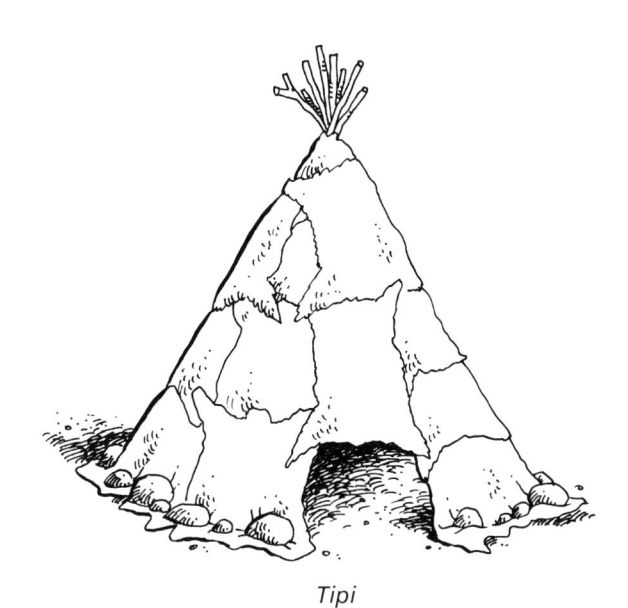

Rundzelt

Tipi

Hütte aus Mammutknochen

Geschichte aktiv!

Steinzeit

Wir bauen ein Steinzeittipi!

Arbeitsblatt

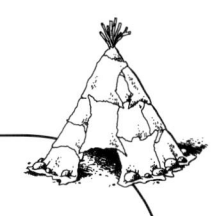

Bestimmt kennst du das Tipi von den Indianern, den Ureinwohnern Amerikas. Doch auch in Europa in der Altsteinzeit war diese Zeltform sehr beliebt. Ein Tipi hat viele Vorzüge: Es ist leicht zu transportieren, und es ist sehr windfest. Es braucht schon hohe Windgeschwindigkeiten, um so ein Tipi zum Einsturz zu bringen. Ein Tipi waren also die ideale Zeltform für unterwegs.

Du brauchst:

- 10 dickere, gerade Äste, z.B. vom Haselnuss- oder Birkenbaum, die etwa 2,5 bis 3 m lang sind
- viele biegsame dünne Äste, am besten so lang wie möglich
- Sackleinen oder alte Säcke
- Strickseil
- evtl. Steine

So geht's:

Dein Steinzeittipi baust du am besten im Freien auf einer größeren Wiese auf. Auf dem Boden markierst du z.B. mit Steinen einen Kreis von 1,5 m Radius. In regelmäßigen Abständen gräbst du nun 10 Löcher entlang der Kreislinie. In diese Pfostenlöcher steckst du die dicken, langen Äste und legst sie kegelartig aneinander. Oben schnürst du dein Tipigerüst mit einem Strickseil zusammen. Nun flichst du die biegsamen Äste in das Gerüst ein. Vergiss aber nicht, eine Öffnung für den Eingang frei zu lassen. Zum Schluss deckst du dein Tipi mit Sackleinen oder alten Säcken ab.

Tipp

Zum Abdecken ihrer Zelte verwendeten die Menschen in der Altsteinzeit natürlich Tierhäute und nicht wie wir Sackleinen. Das kannten die Menschen damals noch nicht.

Geschichte aktiv!

Steinzeit

STEINZEITKÜCHE

Infoblatt

Lukas: In den Supermarkt gehen, um sich eben mal schnell eine Tiefkühlpizza kaufen, die man im Ofen aufwärmt, das war in der Steinzeit ja wohl eher nicht drin!

Prof. Martin: Nein, ganz sicher nicht. Als die Menschen noch vom Jagen und Sammeln lebten, mussten sie alles Überlebenswichtige der Natur abtrotzen. Sie jagten Rentiere, Wildpferde oder Bisons und sammelten essbare Pflanzen, Beeren und Wurzeln. Dazu mussten sie sich sehr gut in der Umgebung auskennen, Tierspuren lesen und giftige und essbare Pflanzen unterscheiden können.

Lukas: Dann waren also Fleisch und Wildpflanzen die Hauptnahrungsmittel. Ganz schön eintönig mit der Zeit! Fisch stand überhaupt nicht auf dem Speisezettel?

Prof. Martin: Natürlich haben die Steinzeitmenschen auch Fische, Flusskrebse oder Muscheln nicht verschmäht.

Lukas: Und wie sah es mit der Aufgabenverteilung aus? Jagen war doch bestimmt Männersache!

Prof. Martin: Richtig! In diesem Fall stimmt das Bild, das wir von der Steinzeit im Kopf habe: Männer gehen auf die Jagd, Frauen sammeln Beeren, Nüsse und essbare Pflanzen.

Lukas: Wie können Sie sich da so sicher sein?

Prof. Martin: Nun ja, Verletzungen, die auf die Jagd zurückzuführen sind, haben die Archäologen bisher nur bei Männerskeletten finden können. Das ist schon ein recht eindeutiger Hinweis. Hinzu kommt, dass sich bei Naturvölkern, die noch heute existieren, die Frauen höchst selten an der aktiven Jagd beteiligen. Daraus schließen wir Forscher, dass es auch in der Steinzeit nicht anders gewesen sein wird.

Lukas: Das ist natürlich ein Argument. Doch wie haben die Menschen damals ihr Essen zubereitet?

Prof. Martin: Gekocht wurde ohne Kochtopf: Fleisch briet man direkt über dem Feuer, oder man legte es auf flache, heiße Steine, gab wilde Kräuter dazu und ließ so das Fleisch langsam garen. Sogar eine Art Backofen gab es damals schon! Dazu erhitzte man einfach Steine in einer Grube, wickelte das Essen in Blätter, legte das Päckchen zwischen die heißen Steine und bedeckte das Ganze mit Erde. So konnte das Fleisch oder Gemüse langsam im eigenen Saft garen. Eine andere „Backmethode" war das Garen in der Glut: Nachdem ein Feuer entfacht wurde, ließ man es abkühlen und legte das Essen in das heiße Glutbeet. Im Feuer erhitzte Steine brachten Wasser in mit Tierhäuten ausgekleideten Gruben zum Kochen. So konnten sich die Steinzeitmenschen eine wärmende Suppe aus Wildgemüse, Knochenmark und Fleischstücken zubereiten.

Lukas: Das hört sich ja alles ziemlich lecker an. Doch von was ernährten sich die Menschen, wenn die Jagd erfolglos war oder die Frauen beim Sammeln nichts Essbares finden konnten?

Prof. Martin: Die Steinzeitmenschen haben sich natürlich Vorräte angelegt. Sie trockneten Fleisch und Beeren als Notreserve. Aus diesen Zutaten stellten sie vielleicht wie die nordamerikanischen Indianer eine Art Energieriegel her, der „Pemmican" heißt. Das ist eine Mischung aus fein zerriebenem Trockenfleisch und geschmolzenem Fett, der als Würze Trockenbeeren beigemischt sind.

STEINZEITSUPPE

Arbeitsblatt

Du brauchst:

- frisches Fell vom Schaf oder Kalb (beim Schlachthof oder Schlachter bestellen) oder ersatzweise einen größeren Keramiktopf
- etwas Stroh oder Heu
- faustgroße Steine (Basalt oder Granit)
- Gemüse, das „steinzeitecht" ist: Porree, Zwiebeln, Möhren, Knollensellerie
- Fleisch, z.B. Rind- oder Schweinefleisch
- einen kleineren Kochtopf
- eine Holzzange
- ein (Feuerstein-)Messer
- einen Spaten

So geht's:

Entfache zuerst ein Steinzeitfeuer (AB S. 19/20), in das du die Steine zum Erhitzen legst, bis sie weiß glühen. Während die Steine erhitzen, schneidest du das Gemüse und Fleisch mit dem Messer klein. In der Nähe des Feuers gräbst du eine Mulde in der Größe eines Fußballs in den Boden. In das Loch kommt zuerst eine Schicht Stroh zur Isolierung, dann legst du das Fell mit den Haaren nach unten hinein. In diesen „Felltopf" gießt du Wasser und gibst die Fleisch- und Gemüsestücke dazu. Dicht neben deinen Felltopf stellst du einen mit Wasser gefüllten, kleinen Kochtopf.

Mit der Holzzange nimmst du die weiß glühenden Steine aus dem Feuer, tauchst sie kurz in den kleinen Topf, um Asche- und Holzkohlereste zu entfernen, und legst sie sofort in den Felltopf. Wenn die Steine ihre Hitze abgegeben haben, nimmst du sie aus der Suppe und legst sie wieder ins Feuer. Das wiederholst du so lange, bis das Suppenwasser kocht und das Gemüse und Fleisch gar ist.

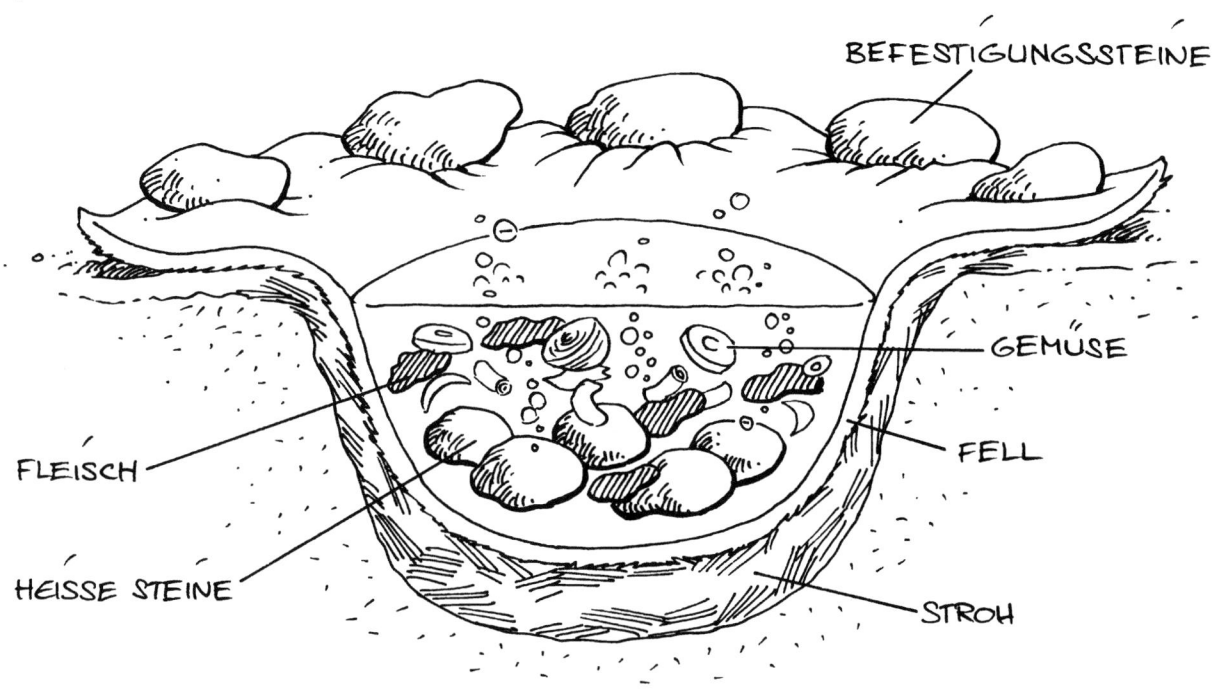

BEFESTIGUNGSSTEINE
GEMÜSE
FELL
STROH
FLEISCH
HEISSE STEINE

Geschichte aktiv!

Steinzeit 37

Heisser Stein

Arbeitsblatt

Du brauchst:

- einen flachen, großen Stein (Basalt oder Granit)
- kleinere Steine
- Gemüse, das „steinzeitecht" ist: Porree, Zwiebeln, Möhren, Knollensellerie
- Fleisch, z.B. Schweinenacken oder Rindersteak
- rohe Eier
- eingeweichte und gekeimte Weizenkörner
- große Blätter, z.B. großer Ampfer oder Kohlblätter
- (Feuerstein-)Messer
- 1 l Wasser

So geht's:

Den großen Stein stellst du senkrecht bzw. leicht schräg auf den Boden. Damit der Stein nicht sofort umfällt, blockierst du ihn mit kleineren Steinen. Neben dem Stein entfachst du ein größeres Steinzeitfeuer (AB S. 19/20).

Während das Feuer brennt, schneidest du das Gemüse und das Fleisch in kleine Stücke.

Der Stein wird durch die Hitze des Feuers zuerst schwarz vom Ruß und schließlich weiß. Jetzt ist die richtige Kochtemperatur erreicht, und du kannst den Stein waagrecht auf den Boden legen. Nun kommt das Fleisch und Gemüse auf den heißen Stein sowie die Weizenkörner, in denen du die rohen Eier „eingräbst". Das Ganze deckst du sorgfältig mit großen Blättern vom Ampfer oder Kohl ab. Durch ein Loch im Blätterdach gießt du vorsichtig etwa 1 Liter Wasser. Sobald das Wasser in Kontakt mit dem heißen Stein kommt, verdampft es und bringt die Blätter zum Welken. Dein „Blättertopf" ist jetzt dicht, und nach einer halben Stunde ist der Fleisch-Gemüse-Eintopf gar und die Eier hart.

Tipp

Die Weizenkörner 12 Stunden einweichen, dann 2–3 Tage keimen lassen!

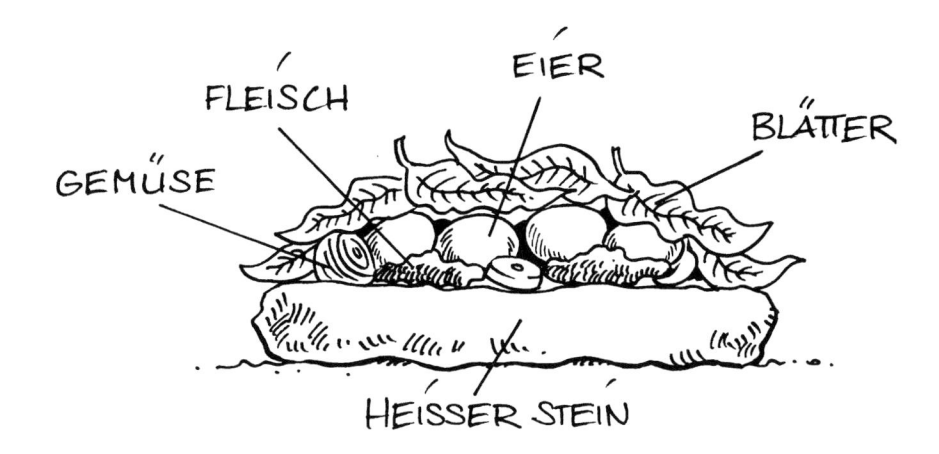

Geschichte aktiv!

Steinzeit

Gegrillte Forelle

Arbeitsblatt

Du brauchst:

- eine Forelle
- frische Weidenruten
- ein Strauß Wildkräuter, z.B. Salbei, Rosmarin, Fenchelkraut, Beifuß, Schafgarbe, junge Brennnesseln, Sauerampfer
- Feuersteinklingen
- ein (Feuerstein-)Messer

So geht's:

Um deine Forelle zu grillen, musst du zuerst ein Steinzeitfeuer entfachen (AB S. 19/20).

Den Fisch nimmst du, wenn nötig, mit Feuersteinklingen aus und wäschst ihn vorsichtig. Dann füllst du die Forelle innen mit frischen Wildkräutern.

Mit einem Messer entrindest du die Weidenrute. Versuche dabei, möglichst lange Rindenbahnen zu erhalten. Die Weidenrute spaltest du in der Mitte in zwei Hälften. Nun kannst du deine Forelle aufspießen. Dazu führst du die bearbeitete Weidenrute durch den Mund der Forelle, sodass sie wieder durch die Kiemen herauskommt. Deine Forelle müsste nun in der Mitte zwischen den gespaltenen Hälften eingeklemmt liegen. Zum Schluss umwickelst du die aufgespießte Forelle am Schwanz und in der Mitte mit Weidenbahnen, damit sie fest im Grillspieß hält.

Ist dein Feuer heruntergebrannt, kannst du deine Forelle über dem Glutbeet grillen, bis sie von beiden Seiten gar ist.

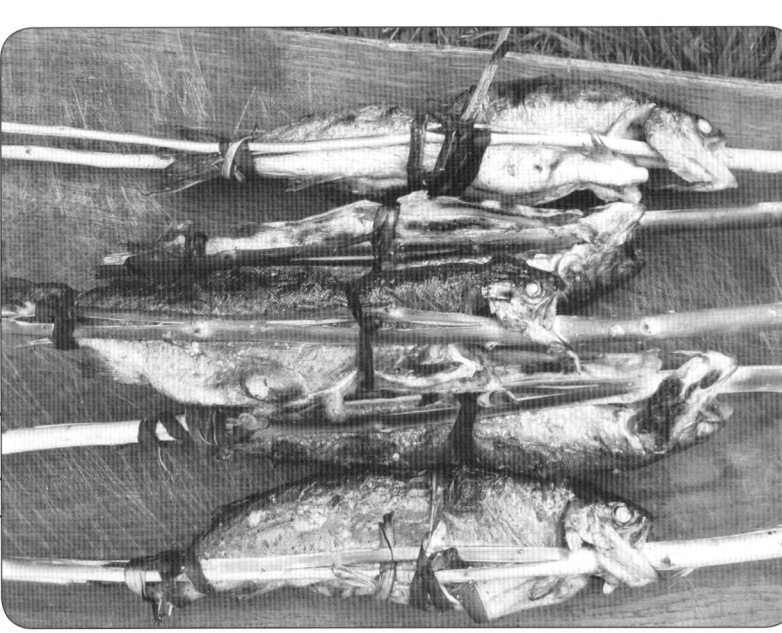

Steinzeitlich zubereitete Forellen über dem Feuer

Geschichte aktiv!

Steinzeit

STEINZEITMODE

Infoblatt

Inuit-Familie (1917)

Neandertaler

Lukas: Die Steinzeitmenschen lebten ja während der Eiszeiten, als es sehr kalt und windig war. Sicherlich haben sie Bären und andere Tiere um ihren Pelz beneidet!

Prof. Martin: Bestimmt! Dass es dabei nicht geblieben ist, zeigen uns Funde aus Gräbern, in denen wir auf Perlen und Knöpfe gestoßen sind. Aus der Lage der aufgenähten Perlen und Knöpfe lässt sich das Aussehen der damaligen Kleidung rekonstruieren.

Lukas: Und wie hat diese Kleidung ausgesehen?

Pro. Martin: Sie ähnelt der Kleidung der Inuit, die heute noch in sehr kaltem Klima leben. Aus Fellen und Leder haben sich die Menschen Hosen, Jacken, Mützen und natürlich Schuhe gemacht. Aus dem Fell von kleinen Tieren fertigten sie sich weiche und warme Unterwäsche an. Du musst wissen, dass die Menschen schon damals die Technik zum Gerben von Leder beherrschten. Mit Nadeln und Knochen aus Tiersehnen nähten die Steinzeitleute dann die Einzelteile zu den jeweiligen Kleidungsstücken zusammen.

Lukas: Wenn die Menschen damals schon Perlen auf ihre Kleidung nähten, dann liegt es doch nahe, dass sie auch Schmuck getragen haben?

Prof. Martin: Ja, das ist richtig. Tierzähne, Schneckengehäuse und Mammutelfenbein wurde als Verzierung an die Kleidung genäht oder als Halsschmuck und Armreifen getragen. Die Zähne erlegter Tiere wurden z.B. mit Feuerstein durchbohrt, manchmal sogar verziert und als Kette getragen. Vielleicht gab es darüber hinaus auch Schmuckstücke aus Holz, Federn, Leder oder Geflecht, die sich nicht erhalten haben. Außerdem liegt es nahe, dass sich die Steinzeitmenschen mit Erdfarben geschminkt haben, so wie das noch heute bei vielen Urvölkern Sitte ist.

Lukas: Ganz schön eitel, diese Steinzeitleute!

Prof. Martin: Tja, der Wunsch des Menschen nach Schönheit und Attraktivität ist eben Jahrtausende alt. Allerdings diente das Tragen von Schmuck und Schminke wahrscheinlich nicht nur allein der Verschönerung, sondern betonte gleichzeitig die gesellschaftliche Stellung seines Trägers.

LEDERBEUTEL

Arbeitsblatt

Das sichere Aufbewahren von Dingen war für die Steinzeitmenschen von großer Bedeutung. Aus dem Leder der erjagten Tiere fertigten sie Taschen und Beutel. Hier wurden das Material zum Feuermachen, Werkzeuge oder auch Schmuckstücke sicher verwahrt.

Du brauchst:

- Lederreste
- scharfes (Feuerstein-)Messer
- Ahle oder spitze Schere
- Filzstift, Kreide
- kreisrunde Schablone

So geht's:

Fertige dir zuerst aus festerem Plakatpapier eine kreisrunde Schablone an, die mindestens so groß ist wie ein Teller (Durchmesser 20–30 cm). Die Schablone legst du auf die Innenseite des Lederstücks, sodass du mit Kreide oder Filzstift einen Kreis aufzeichnen kannst. Schneide den Kreis mit einem Feuersteinmesser aus. Nun stichst du mit der Ahle Löcher in regelmäßigen Abständen einmal rund um den Kreis. Die Löcher sollten etwa 1 cm vom Rand entfernt sein. Achte auf eine gerade Anzahl! Dann schneidest du ebenfalls mit dem Feuersteinmesser einen ungefähr 40–60 cm langen Lederstreifen aus den noch vorhandenen Resten. Ziehe das Lederband immer abwechselnd durch die Löcher, und verknote die Enden. Wenn du jetzt an den beiden Knoten ziehst, schließt sich der Beutel.

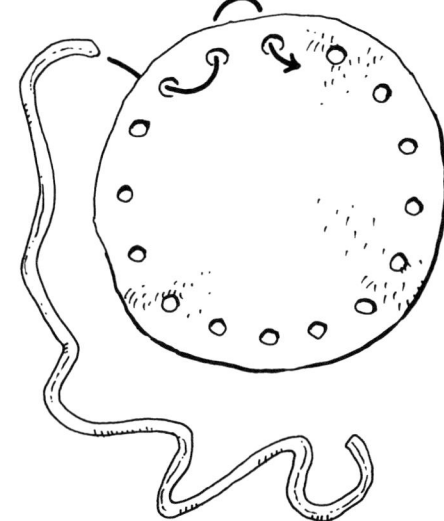

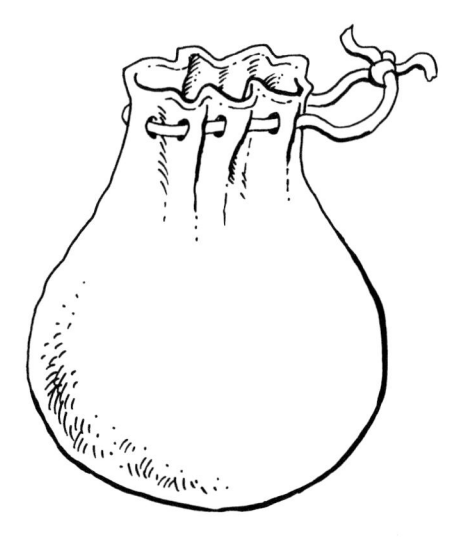

Geschichte aktiv!

Steinzeit 41

Schmuckkette

Arbeitsblatt

Du brauchst:

- schmales Lederband oder Bast zum Auffädeln
- Muscheln, Strandschnecken, kleine Stücke Speckstein unterschiedlicher Farben, Tierzähne oder kleine Geweihteile, Hornperlen, bunte Federn und alles, was dir steinzeitlich erscheint
- Schleifpapier unterschiedlicher Körnungen
- Nass-Schleifpapier
- eine feine Raspel oder Feile
- farbloses Bohnerwachs oder Leinöl
- Handbohrer oder Steinzeitbohrer

So geht's:

Den Specksstein formst du mit einer feinen Raspel oder Feile, sodass schöne Perlen entstehen. Das braucht etwas Fingerspitzengefühl und Geduld. Damit die Specksteinperlen ihre volle Schönheit entfalten können, musst du sie mit Schleifpapier verschiedener Körnungen glätten. Nass-Schleifpapier entfernt dann auch noch die letzten Unebenheiten. Abschließend polierst du die Perlen mit etwas Bohnerwachs oder Leinöl, um sie zum Glänzen zu bringen.

Mit etwas Geschick und einem Handbohrer bohrst du vorsichtig kleine Löcher in deine Specksteinperlen, Muscheln, Tierzähne usw. Die Muscheln durchbohrst du am besten an zwei Stellen, so liegen sie später schön flach und kommen besser zur Geltung. Dann fädelst du nacheinander alle Materialien so auf, wie es dir am besten gefällt.

Tipp

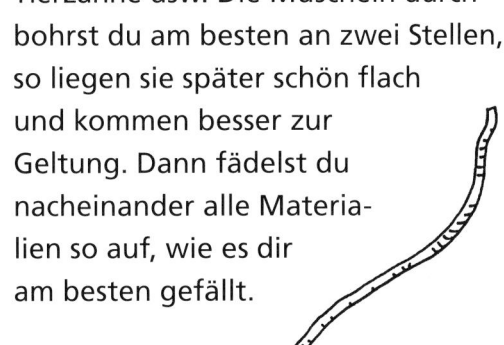

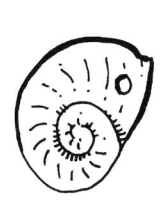

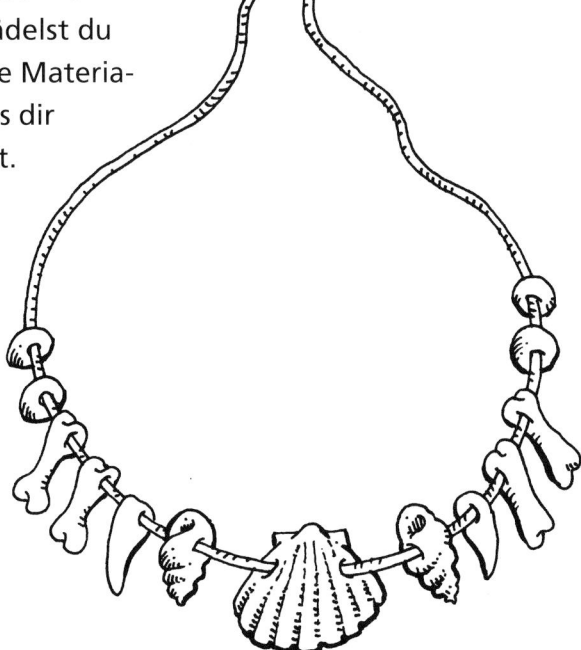

Tierzähne und kleine Geweihteile erhältst du beim Jäger. Kleine Stücke oder Reste von Speckstein bekommst du im Bastelladen recht günstig oder sogar geschenkt. Und vielleicht hast du ja aus den letzten Ferien am Meer Muscheln und Strandschnecken mit nach Hause gebracht. Aus Strandschnecken lassen sich übrigens sehr schöne Armreifen machen: die leeren Schneckengehäuse nah der Öffnung durchbohren, auf ein Lederband auffädeln, und fertig ist die Armkette.

Geschichte aktiv!

Steinzeit

Steinzeitbohrer

Arbeitsblatt

Du brauchst:

- einen 50 cm langen und 1,5 cm dicken Stab aus hartem Holz
- zwei 12 cm lange und 1 cm dicke Stäbe aus hartem Holz
- einen ca. 18 cm langen und max. 1 cm dicken Holzstab
- zwei flache Steine, ca. 2–3 cm breit
- eine strapazierfähige, nicht zu dünne Schnur, ca. 50–70 cm lang
- einen Glasbohrer aus dem Baumarkt

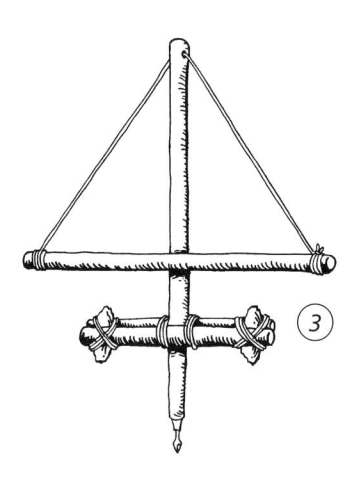

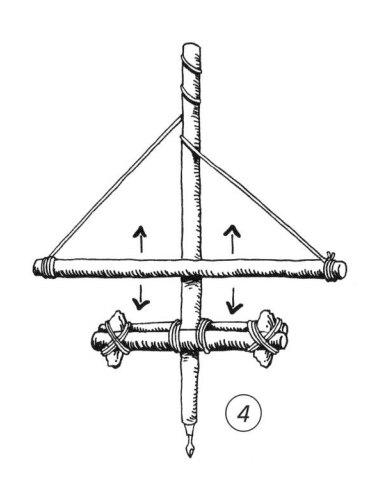

So geht's:

Zunächst bohrst du oben in den 50 cm langen Stab ein kleines Loch, durch das später die Schnur gefädelt werden kann. Am unteren Ende bohrst du ein Loch im Durchmesser des Bohrers, der dort zum Schluss eingesetzt wird.

Als Nächstes schnitzt du in die beiden kürzeren Stäbe auf gleicher Höhe je eine 2 cm lange Kerbe. Die beiden Holzstücke schnürst du quer im unteren Drittel des langen Stabes fest und bringst die zwei Gewichtssteine an.

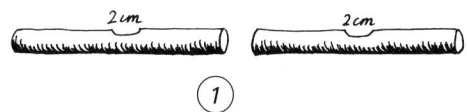

Anschließend bereitest du den Griff vor. An den beiden Enden des ca. 18 cm langen Holzstabes bohrst du zwei kleine Löcher für die Schnur, je in gleichem Abstand von der Mitte.

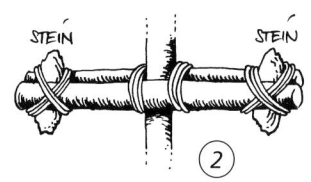

Dann knotest du das eine Ende der Schnur an einem der kleinen Löcher fest, fädelst sie durch das Loch oben im senkrechten Stab und knotest das andere Ende an das zweite kleine Loch im Griff.

Nun musst du nur noch den Bohrer in das untere Loch im Holzstab einsetzen, und fertig ist dein Steinzeitbohrer.

Handhabung:

Zuerst drehst du den Stab, damit sich die Schnur um ihn herumwickelt. Dann legst du eine Hand locker auf den Griff, nicht den Stab in der Mitte festhalten! Der Bohrer funktioniert nach dem Jojoprinzip, d.h., du führst die Hand immer hoch und runter – ohne den senkrechten Stab zu bremsen – und die Schnur wickelt sich so wieder auf und versetzt den Bohrer in Rotation.

Geschichte aktiv!

Steinzeit

STEINZEITSCHMINKE

Arbeitsblatt

Die Menschen in der Steinzeit waren die „Erfinder" der Schminke. Woher wir das wissen? Archäologen haben an Fundstellen mineralische Farbstoffe entdeckt. Mit Fett vermischt, dienten diese Tinkturen wahrscheinlich bereits den Steinzeitmenschen zur Körperbemalung.

Du brauchst:

- Erdfarben (Naturpigmente) in Rot, Braun, Gelb und Schwarz
- Wasser
- Rindertalg
- ein Sieb
- Muscheln oder kleine Dosen
- Wattestäbchen, Fellstücke

So geht's:

Auf Fettbasis
Über einem Feuer oder auf dem Herd bringst du den Rindertalg langsam zum Schmelzen. Achtung: Der Talg darf niemals kochen oder anfangen zu „rauchen", dann ist er verdorben! Wenn der Talg flüssig ist, nimmst du ihn vom Feuer bzw. Herd und siebst ihn durch ein Sieb. Dann gießt du den Talg in eine Muschel und vermengst ihn mit der gewünschten Farbe. Jetzt muss deine Schminke nur noch erkalten, bevor du sie auftragen kannst.

Auf Wasserbasis
Vermische die Erdfarben einfach mit Wasser, und fertig ist deine Steinzeitschminke!

Tipp

Mit dieser selbst hergestellten Steinzeitschminke kannst du dein Gesicht, deine Hände, Arme und Beine mit Kreisen, Strichen, Punkten und Ornamenten verzieren. Am besten lässt sich die Farbe mit Wattestäbchen oder kleinen Fellstücken auftragen.

Geschichte aktiv!

Die Höhle von Lascaux (1/3)

Arbeitsblatt

Wir sind in Südwestfrankreich im Spätsommer des Jahres 1940. In Europa herrscht Krieg, eine schwere und von Leid gekennzeichnete Zeit für die Menschen. Der siebzehnjährige Marcel Ravidat und seine Freunde Jaques Marsal, Georges Agnel und Simon Conceas leben in dem Dorf Montignac an dem Flüsschen Vézère in der Region Dordogne. Bei einem ihrer gemeinsamen Streifzüge entdecken sie durch Zufall eine Höhle mit wunderschönen Felszeichnungen aus der Altsteinzeit. Eine archäologische Sensation! Gerade sprach Marcel Ravidat mit dem Berichterstatter einer viel gelesenen Zeitschrift. Unglücklicherweise sind dem Reporter die Notizzettel mit den Fragen und Antworten durcheinandergeraten. Kannst du ihm weiterhelfen?

Aufgaben

1. Schneide die Notizzettel des Reporters aus, und sortiere die Fragen und Antworten in der richtigen Reihenfolge.
2. Überlege dir eine passende Schlagzeile für die sensationelle Nachricht von der Entdeckung der Höhle von Lascaux.
3. Schreibe mit Hilfe des Interviews einen begeisterten Zeitungsartikel. Wähle ein Datum Ende September 1940.
4. Gestalte deinen Artikel mit Bildern von der Höhle von Lascaux. Sicher findest du Material im Internet.

Tipp

Besuche im Internet die Website „Die Höhle von Lascaux" (**www.lascaux.culture.fr/#/de/00.xml**). Hier kannst du in einem virtuellen Rundgang die berühmten Malereien aus der Altsteinzeit selbst erkunden.

Höhlenmalerei aus Lascaux (Nachbildung)

Quelle: wikipedia.com

Geschichte aktiv!

Steinzeit

Die Höhle von Lascaux (2/3)

Arbeitsblatt

Frage 1:
Marcel, die Entdeckung der Höhle von Lascaux war ja eher ein Zufall. Wie kam es dazu?

Antwort (O):
Als wir in den großen Saal zurückkehrten bemerkten wir einen weiteren Gang, an dessen Ende es mehrere Meter steil hinunter ging. Am nächsten Tag kehrten wir mit einem Seil zurück, das wir in das Loch hinabließen. Ich wagte mich als Erster in diesen acht Meter tiefen Schacht. Am Fuß erwartete mich die Szene eines Menschen mit Vogelkopf und Vogelstab, dem sich ein Bison entgegenstellte.

Frage 4:
Nachdem Ihre drei Freunde bei Ihnen angekommen waren, machten Sie sich an die Erforschung der Höhle. Was bekamen Ihre staunenden Augen zu sehen?

Antwort (E):
Was Abbé Henri Breuil herausfand war eine Sensation: Die Menschen, die die Wände der Höhle bemalten, lebten vor rund 17000 Jahren. Sie gehörten zu einer Gruppe der so genannten Cro-Magnon-Menschen. Die Höhle von Lascaux ist damit nicht nur das größte, sondern auch das am besten erhaltene Kunstdenkmal aus der Altsteinzeit.

Frage 6:
Sie haben sich entschlossen, Ihrem ehemaligen Lehrer, Monsieur Léon Laval, die Entdeckung anzuvertrauen. Was waren Ihre Beweggründe?

Antwort (R):
Wir hatten ja weder eine Lampe noch andere Hilfsmittel dabei! Vier Tage später, am 12. September, kehrten wir schließlich an die Stelle zurück. Wir vergrößerten die Öffnung des Lochs und ich schlüpfte als Erster mit dem Kopf nach unten in einen vertikal abfallenden Schacht. Unten angekommen, wollte ich die Lampe entzünden, um mich umzusehen. Doch gleich beim ersten Schritt rutschte ich aus und schlitterte in die Tiefe. Zum Glück ist nichts passiert! Ich raffte mich auf und machte die Lampe an, die ich beim Sturz fest in der Hand gehalten hatte. Aufgeregt rief ich Jaques, Georges und Simon, die ja noch oben waren, mir zu folgen.

Frage 7:
Wie hat Monsieur Laval reagiert, als Sie ihm von Ihrer Entdeckung erzählt haben?

Antwort (D):
Wir durchquerten einen Saal von etwa 30 m Länge, der schließlich in einen engen, aber ziemlich hohen Gang mündete. Dort entdeckten wir im flackernden Lichtschein der Lampe zu unserer großen Überraschung mehrere Tierfiguren: Kühe, Pferde, Stiere, Steinböcke, Hirsche … Einige der Tiere waren nur als Umriss, andere mit unterschiedlichen Farben gemalt. Wie elektrisiert erkundeten wir die Verzweigungen der Höhle. Es war unglaublich! So, als wollten uns die Wände eine fantastische Tiererzählung erzählen.

Geschichte aktiv!

Steinzeit 46

Die Höhle von Lascaux (3/3)

Arbeitsblatt

Frage 5:
Neben den Tierdarstellungen haben Sie noch eine andere bemerkenswerte, Höhlenzeichnung entdeckt. Um welche Szene handelt es sich dabei?

Antwort (N):
Zunächst war Monsieur Laval etwas erstaunt, als wir ihn zu Hause besuchten. Als wir ihm aber von der Höhle und den wunderbaren Zeichnungen berichteten, packte auch ihn die Neugier. Am 18. September stieg er selbst in die Höhle hinab, um sich ein Bild zu machen. Er war so begeistert, dass er sofort einen Experten informierte: Abbé Henri Breuil, einen Priester und Urgeschichtsforscher.

Frage 8:
Tatsächlich kam am 21. September Abbé Henri Breuil nach Lascaux, um die Höhle zu besichtigen und die Malereien auf ihre Echtheit zu prüfen. Zu welchem Ergebnis ist er gekommen?

Antwort (O):
Eine Legende in unserem Dorf erzählt, dass es an den Hängen am Fluss einen unterirdischen Tunnel gibt, den die Menschen im Mittelalter gegraben haben und der zum Schloss von Lascaux führt. Und möglicherweise hatten wir den Eingang zu diesem Tunnel gefunden! Unsere Abenteuerlust war geweckt.

Antwort (G):
Uns war ziemlich schnell klar, dass wir auf etwas sehr Außergewöhnliches gestoßen sind. Wir brannten natürlich darauf, zu erfahren, wer diese Höhlenmalereien angefertigt hat, und wie alt diese Zeichnungen sind. Monsieur Laval ist ein gebildeter Mann, der sich sehr für Geschichte interessiert. Daher lag es nahe, ihn ins Vertrauen zu ziehen.

Frage 3:
Dennoch sind noch einige Tage verstrichen, bis sie an den Ort ihrer Entdeckung zurückgekehrt sind. Warum?

Antwort (D):
Na ja, ich war mit meinem Hund Robot und meinen Freunden Jaques, Georges und Simon bei den Hügeln von Lascaux unterwegs. Und wie Hunde eben so sind, ist Robot plötzlich bellend in einem Loch verschwunden. Vielleicht ein Fuchsbau? Wir entfernten das Gestrüpp und warfen ein paar Steine in das Loch. Es dauerte allerdings ziemlich lange, bis wir ihren Aufprall hörten.

Frage 2:
Also doch kein Fuchsbau?! Was glaubten Sie dann, entdeckt zu haben?

FETTLAMPEN

Arbeitsblatt

Im Dunkel der Höhlen benötigten unsere Vorfahren Licht. Als Lichtquellen benutzten sie Steingefäße, die mit Tierfett gefüllt und einem Docht versehen wurden. Ohne diese Fettlampen wäre es den Menschen damals kaum möglich gewesen, solch schöne Kunstwerke wie z.B. in Lascaux an die Höhlenwände zu malen.

Du brauchst:

- einen ausgehöhlten Stein oder eine Muschel
- Rindertalg (vom Metzger)
- weiches, saugfähiges Material als Docht (Moos, Baumpilz, ...)

So geht's:

Über einem Feuer oder auf dem Herd bringst du den Rindertalg langsam zum Schmelzen. Achte darauf, dass der Talg nicht zu heiß wird! Dann gießt du den Talg vorsichtig in den hohlen Stein oder die Muschel. In die Mitte legst du ein wenig Moos oder Pilzmaterial, das du vorher mit dem flüssigen Fett getränkt hast. Wenn du möchtest, kannst du deinen Docht auch an den Rand deiner Lampe anlehnen. Nach dem Erkalten kannst du deine Lampe vorsichtig anzünden.

Tipp

Findest du keinen Stein, der in der Mitte eine Vertiefung hat, kannst du auch ein Stück Speckstein aushöhlen.

Geschichte aktiv!

Steinzeit

Höhlenmalerei

Arbeitsblatt

Bereits in der Steinzeit gab es Farbkünstler, die wundervolle Höhlenmalereien erschaffen haben. Besonders gerne malten die steinzeitlichen Künstler Tiere – wie das Pferd oder Bison. Oftmals bezogen sie dabei die natürlichen Unebenheiten des felsigen Untergrunds mit ein und schufen so kunstvolle dreidimensionale Bilder. Die Farbe für Konturen trugen sie mit ihren Fingern, Holzkohlestücken oder Pinseln aus Tierhaaren auf. Die Flächen füllten sie, indem sie die Farbe mit ihrem Mund bzw. Röhrenknochen aufsprühten, oder sie verwischten die Farbe beim Auftragen mit dem Finger oder der Handfläche.

Du brauchst:

- Erdfarben (Naturpigmente) in Gelb, Rot, Braun und Schwarz
- Wasser (besser: Bier)
- Holz- oder Zeichenkohle
- ein Schwamm
- Raufasertapete

So geht's:

Vermische die Erdfarben (Pulver) mit Wasser oder Bier, sodass eine zähflüssige Masse entsteht. Bierfarben halten besser auf Papier, müssen aber schneller verbraucht werden, sonst fangen sie an zu stinken.

Mit einer stark verdünnten Erdfarbe streichst du die Tapetenbahn mit einem Schwamm unregelmäßig ein, um dem Ganzen den natürlichen Anschein einer Höhlenwand zu verleihen. Lass die Tapete trocknen, bevor du mit dem Malen beginnst.

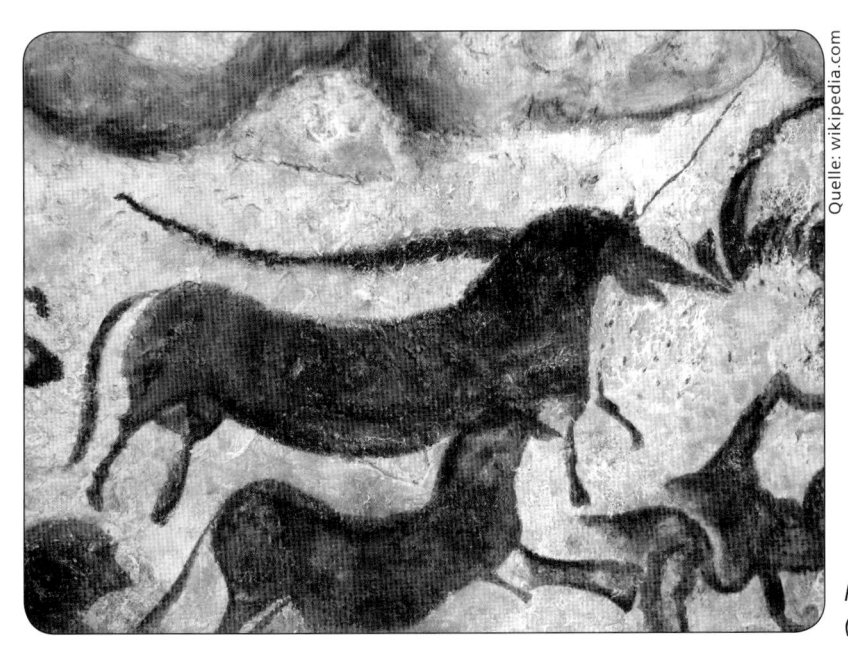

Überlege dir in der Zwischenzeit, welche Tiere der Steinzeit du auf deiner Tapeten-Höhlenwand verewigen möchtest. Zeichne mit Holz- oder Zeichenkohle zunächst die Umrisse der Tiere, und fülle sie dann mit deinen Händen mit einem Pinsel oder der steinzeitlichen Sprühtechnik (S. 51) farbig aus.

Quelle: wikipedia.com

Höhlenmalerei aus Lascaux (Nachbildung)

Geschichte aktiv!

Steinzeit

Gravur

Arbeitsblatt

Höhlenmalereien sind die wohl bekannteste Kunstform der Altsteinzeit. Doch die Menschen beherrschten auch die Kunst der Gravur. So ritzten die Steinzeitkünstler z.B. mit Feuerstein Bilder in den Fels, entweder nur als Linien oder in Form ganzer Reliefs.

Du brauchst:

- einen leeren Schuhkarton oder eine andere Pappschachtel
- Gips
- einen alten Plastikeimer, um den Gips anzurühren
- Erdfarben (Naturpigmente) in Gelb, Rot, Braun oder Schwarz
- Holzkohlepulver
- ein Sieb
- eine dünne Feuersteinklinge oder einen Nagel
- ein Tuch
- Haarspray

So geht's:

Stelle deinen Schuhkarton auf eine ebene Fläche. Rühre den Gips, den du im Bastelladen oder im Baumarkt erhältst, laut der Beschreibung an. Gieße dann den Gips etwa 3 cm hoch in den Schuhkarton und siebe ein wenig Holzkohlepulver und Farbpigmente auf die flüssige Masse. Lass den Gips trocknen, das dauert eine Weile.

Wenn der Gips ganz ausgehärtet ist, kannst du die Schachtel vom Gips reißen. Mit einem Tuch verteilst du nun das Farbpulver und die Holzkohle auf der Gipsplatte und fixierst das Ganze mit Haarspray. Jetzt kannst du mit einem Feuersteinsplitter oder Nagel ein steinzeitliches Tier in den Gips einritzen. Dabei kommt die weiße Farbe des Gips zum Vorschein.

Geschichte aktiv!

Steinzeit 50

Handabdrücke mit der Sprühdose

Arbeitsblatt

Auf den Wänden ihrer Höhlen haben die Steinzeitmenschen neben Tierdarstellungen auch negative Handabdrücke hinterlassen. Dafür benutzen die Menschen Röhrchen aus Knochen. So entstand ein Handabdruck, bei dem die Farbe nur um die Hand herum zu sehen war. Als Farbe wurde überwiegend Rot und Schwarz verwendet.
Bis heute geben diese Handabdrücke den Forschern Rätsel auf. Vielleicht waren sie Teil eines religiösen Rituals, vielleicht dienten sie aber auch den Steinzeitkünstlern als eine Art Unterschrift.

Du brauchst:

- eine Filmdose mit Deckel
- einen Federkiel, z.B. von der Gans
- eine spitze Schere oder einen Locher
- einen langen, dünnen und hohlen Knochen als Pusterohr (alternativ ein Strohhalm)
- dickflüssige Farbe in Rot oder Schwarz
- ein Stück Tapete oder Paketpapier

So geht's:

Sprühdose

Die Lösung mit der Filmdose ist zwar nicht „steinzeitecht", dafür aber einfacher in der Handhabung. In den Deckel machst du mit einer spitzen Schere oder einem Locher zwei Löcher. Den Federkiel schneidest du an beiden Seiten ab, sodass er an beiden Seiten geöffnet ist. Dann füllst du die Dose mit Farbe und verschließt sie mit dem Deckel. In eines der Löcher im Deckel steckst du den Federkiel. Fertig ist deine Sprühdose!

Handabdrücke sprühen

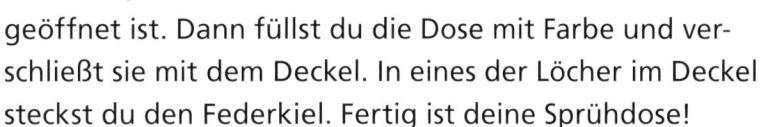

Um negative Handabdrücke zu sprühen, brauchst du einen Partner. Dieser legt seine Hand auf die Tapete. Dann nimmst du den langen Knochen, hältst ihn leicht oberhalb der Kielspitze deiner Sprühdose und bläst kräftig. Wichtig ist, dass der Winkel zwischen Kielspitze und Pusterohr etwas kleiner als 90° ist! Der entstehende Luftstrom saugt die Farbe in dem Kiel hoch und versprüht die Farbe um die Hand. Zurück bleibt ein negativer Handabdruck.

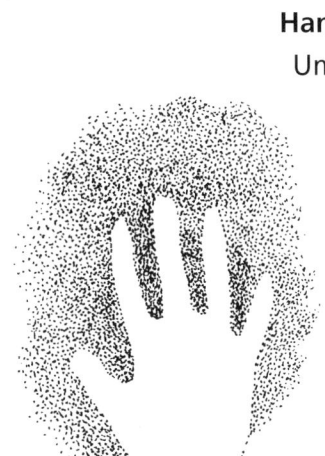

Geschichte aktiv!

Steinzeit

Steinzeitmusik (1/2)

Infoblatt

++ SENSATIONSFUND! ++
++ ÄLTESTES MUSIKINSTRUMENT DER WELT ENTDECKT ++

Tübingen. In einer Höhle auf der Schwäbischen Alb haben Forscher eine 35 000 Jahre alte Flöte aus einem Vogelknochen gefunden. Der Fund zeigt, dass schon die Menschen in der Steinzeit Musik gemacht haben.

Prof. Martin: Hast du schon von der neuesten Entdeckung gehört?

Lukas: Nein.

Prof. Martin: Dann lies dir doch die Zeitungsmeldung einmal durch.

Lukas: Das ist ja Wahnsinn! Offenbar waren unsere Vorfahren schon sehr musikalisch. Welche Instrumente kannten die Menschen damals denn noch?

Prof. Martin: Erinnerst du dich an das, was ich zu Anfang unseres Gesprächs gesagt habe? Fast alles, was aus Holz, Horn, Tierhaut usw. hergestellt wurde, ist jetzt verschwunden. Viele Musikinstrumente, die von Urvölkern gespielt werden, bestehen aus diesen vergänglichen Materialien. So können wir Archäologen heute nur noch einen Bruchteil der Instrumente bei Ausgrabungen finden, die die Steinzeitmenschen vermutlich schon benutzt haben.

Lukas: Ja klar, das hätte ich mir auch denken können!

Prof. Martin: Dennoch gibt es neben dem sensationellen Fund der 35 000 Jahre alten Knochenflöte noch einige weitere, die uns einen kleinen Einblick in die Musikwelt der Steinzeitmenschen geben. So haben z.B. Archäologen in der Brillenhöhle bei Blaubeuren Trommelschlägel gefunden: ein Stück Rentiergeweih, das gegabelt ist, wodurch bei jedem Schlag ein Doppellaut zu hören war. Wir kennen solche Schlägel von dem Volk der Samen aus Norwegen.

Lukas: Das ist ja echt spannend …

Prof. Martin: Neben Flöten und Trommeln haben wir auch Schwirrhölzer und Schraper gefunden. Und in der Höhle „Trois Frères" (Drei Brüder) in Südfrankreich ist eine Abbildung zu sehen, die vielleicht einen Musikbogen darstellt.

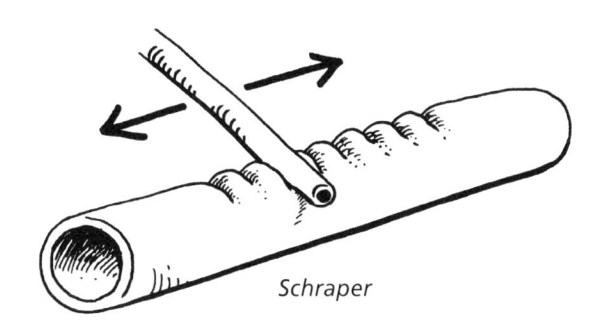

Schraper

Lukas: Schwirrhölzer, Schraper, Musikbogen? Das höre ich zum ersten Mal!

Prof. Martin: Schwirrhölzer sind beispielsweise bis heute in Afrika und Australien

STEINZEITMUSIK (2/2)

Infoblatt

in Gebrauch. Sie werden meist bei Ritualen verwendet. Die Aboriginies Australiens hören beim Brummen eines Schwirrholzes die Stimme ihrer Ahnen. Wenn du möchtest, dann zeige ich dir, wie man diese Instrumente ganz leicht selbst bauen kann.

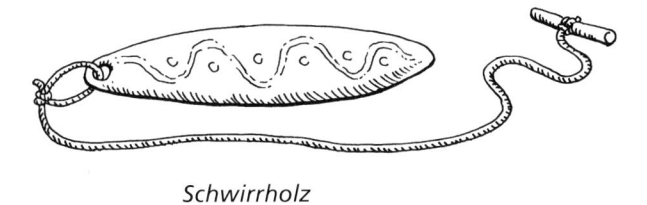

Schwirrholz

Lukas: Das ist eine tolle Idee!

Prof. Martin: Wie gesagt, es wäre trügerisch, zu glauben, die Steinzeitmenschen hätten nur diese Instrumente gespielt. Auch mit Steinen, Schneckenhäusern oder anderen Materialien lässt sich musizieren. Man braucht nur ein wenig Fantasie, und einfallsreich waren die Menschen damals!

Lukas: Vielleicht haben Archäologen bei ihren Ausgrabungen auch Bruchstücke von Musikinstrumenten gefunden, ohne es zu wissen?

Prof. Martin: Das ist nicht ausgeschlossen.

Lukas: Wurde auch zum Tanz musiziert?

Prof. Martin: Das ist schwer zu beantworten. Schauen wir auf heutige Jäger- und Sammlerkulturen, haben wir immer beides: den Gruppentanz und die Musik des Einzelnen. Zumindest sind wir relativ sicher, dass es eine Verbindung zwischen dem Musizieren und der Höhlenmalerei gibt.

Lukas: Das verstehe ich jetzt nicht!

Prof. Martin: Wir Forscher haben uns lange gewundert, warum sich die Malereien nur in einigen Teilen der Höhlen befinden. Dann haben wir festgestellt, dass an diesen Orten meist die Akustik sehr gut ist, also die Töne der Musik besonders schön und kräftig klingen. Wir können uns daher sehr gut vorstellen, dass dort Menschen Musik gemacht haben, während andere die Höhlenwände mit Tierdarstellungen und Zeichen bemalt haben.

Steinzeit

Steinzeitmusik

Arbeitsblatt

A	F	D	X	S	M	W	S	Ä	O	Z	Y
K	L	L	B	V	C	Q	C	P	R	J	S
E	Ö	D	C	R	F	V	H	T	G	B	C
Z	T	H	N	U	J	M	R	I	K	L	H
O	E	Ö	P	Ä	Y	F	A	Y	X	C	W
V	B	N	M	Q	W	E	P	R	T	Z	I
U	I	T	R	O	M	M	E	L	O	P	R
A	S	D	F	G	H	J	R	K	L	Ö	R
Q	Y	W	X	E	C	R	V	T	B	Z	H
M	U	S	I	K	B	O	G	E	N	I	O
U	M	Ü	I	L	B	F	S	P	X	R	L
T	G	H	L	M	I	Q	D	V	H	S	Z

Aufgaben

1. Lies das Gespräch zwischen Professor Martin und Lukas aufmerksam durch.
2. Suche im Buchstabenfeld die Namen der fünf Musikinstrumente, die die Menschen in der Steinzeit spielten. Kreise die Wörter grün ein, und schreibe sie in die Wörterhäuser.

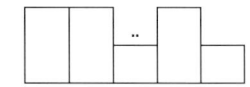

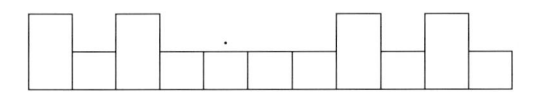

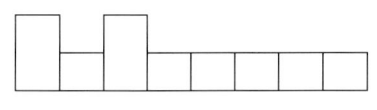

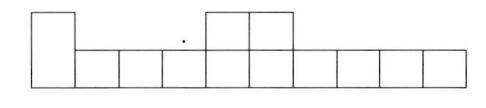

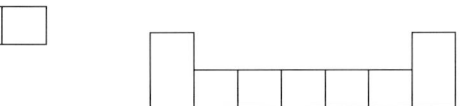

Geschichte aktiv!

Steinzeit 54

Schwirrhölzer

Arbeitsblatt

Schwirrhölzer gehören zu den ältesten Musikinstrumenten der Welt und sind in fast allen Kulturen seit der Steinzeit zu finden. Noch heute sind die oft reich bemalten und mit Schnitzereien verzierten Schwirrhölzer bei den Ureinwohnern Australiens und einigen Indianervölkern Nordamerikas in Gebrauch. Durch den weithin hörbaren Klang der Schwirrhölzer konnten bereits die Steinzeitmenschen auch über größere Entfernungen miteinander kommunizieren.

Du brauchst:

- flache Holzbrettchen, etwa 25 cm lang und 3 cm breit
- eine Laubsäge
- eine Holzfeile
- Schleifpapier
- einen Bleistift
- reißfeste Schnur, etwa 1 m bis 1,5 m lang
- eine Schraubzwinge

So geht's:

Zeichne mit dem Bleistift die Form auf das Holzbrettchen, die dein Schwirrholz erhalten soll: wie ein Schiff von oben, dessen Längsseiten symmetrisch sind. Dann sägst du vorsichtig die Form aus. Am besten lässt sich das Brett bearbeiten, wenn du es vorher mit einer Schraubzwinge an der Tischkante deiner Werkbank festklemmst. Als Nächstes musst du die Kanten glätten. Das erledigst du mit einer Feile und arbeitest mit Schleifpapier nach. Auch die Ober- und Unterseite deines Schwirrholzes bearbeitest du mit Schleifpapier.

Ist dein Brettchen schön glatt, bohrst du mit dem Bohrer mittig ein Loch in eines der Enden. Durch das Loch fädelst du die Schnur und knotest sie fest. Jetzt kannst du dein Schwirrholz ausprobieren. Am besten gehst du dazu nach draußen auf eine freie Fläche. Halte die Schnur fest in der Hand und lass dein Schwirrholz mit Schwung über deinem Kopf kreisen. Achtung: Dabei muss das Holz sich auch um sich selbst drehen! Das rotierende Brett wirbelt die Luft so durcheinander, dass sie Geräusche macht. Das klingt mal wie ein pfeifender Wind, mal wie Gewittergrollen.

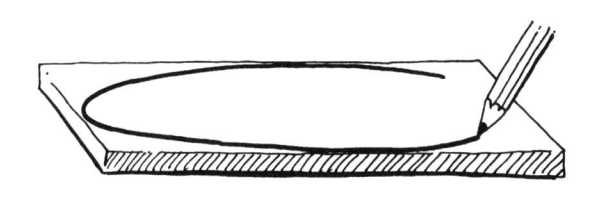

Tipp

Mit selbst hergestellten Erdfarben oder mit Feuerstein-Ritzungen kannst du dein Schwirrholz ganz individuell verzieren.

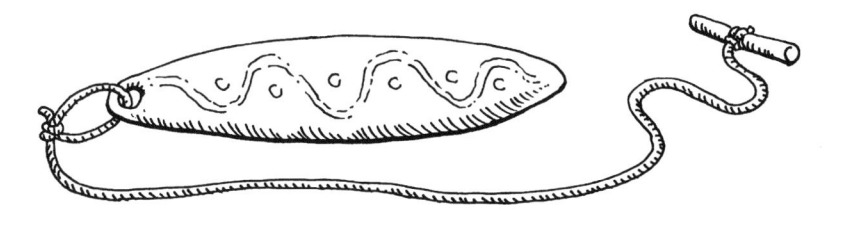

Geschichte aktiv!

Steinzeit

Trommeln

Arbeitsblatt

Trommeln sind Instrumente mit uralter Tradition. Sie fordern zum Tanz auf, übermitteln Botschaften oder erzählen Geschichten.

Du brauchst:

- Blumentöpfe unterschiedlicher Größe
- Schwein- oder Rinderblasen (beim Metzger erhältlich)
- ein Messer
- evtl. Paketschnur
- evtl. bunte Garne zur Verzierung

So geht's:

Um die Schwein- oder Rinderblase bearbeiten zu können, musst du sie zuerst mit einem Messer von Fettrückständen befreien.

Fülle dann die Blase am Wasserhahn voll mit Wasser. Das reinigt und dehnt die Blase aus. Nach diesem „Wasserbad" sieht die Blase wie ein weicher Beutel aus.

Mit einem scharfen Messer machst du einen sauberen Schnitt von oben bis fast ganz unten, sodass du einen großen „Lappen" erhältst.

Den noch nassen Lappen spannst du über die Öffnung des Blumentopfs und ziehst ihn schön stramm. Sind die Töpfe unglasiert, haftet der Lappen von allein. Ansonsten befestigst du ihn mit einer Schnur fest um den Topfrand.

Lasse nun die fertige Trommel über Nacht stehen, damit die Trommelhaut trocknen kann.

Wenn du möchtest, kannst du den Trommelrand mit bunten Garnen verzieren.

Tipp

Schlage deine Trommel behutsam mit den Händen an, denn die Blase ist nicht so fest wie Haut. Wenn du zwei Schichten Blasen übereinanderspannst und trocknen lässt, ist die Trommelhaut kräftiger.

Geschichte aktiv!

Steinzeit

Schalmei

Arbeitsblatt

Wenn du dir eine Schalmei bauen willst, benötigst du ein Rohr. Dazu eignet sich dickeres Schilfrohr, ein dünnes Stück Holunder oder ein möglichst langer und dünner Knochen, z.B. der Flügelknochen einer Gans oder Ähnliches. Der Innendurchmesser sollte etwa 7 mm betragen. Als Rohrblatt eignet sich ein Stück Birkenrinde.

Du brauchst:

- ein Rohr
- ein kleines Stück Holz oder Birkenrinde
- Wachs
- einen reißfesten Faden
- Schleifpapier

So geht's:

Entscheidest du dich für einen Knochen als Klangkörper, schneidest du an ihn an beiden Enden mit einem Messer sauber ab. Anschließend kochst du den Knochen in heißem Wasser aus, um ihn zu reinigen. Verwendest du Schilfrohr oder ein Holunderstück, musst du zuerst das Mark entfernen. Das gelingt am besten mit langen, dünnen Schrauben.

Schalmei mit Rohrblatt aus Birkenrinde

Als Erstes schneidest du das Rohr an einem Enden schräg ab. Ist das Rohr zu dick, verstopfst du etwa die Hälfte der Öffnung mit etwas Wachs.

Im nächsten Arbeitsschritt bringst du das Rohrblatt aus Birkenrinde an. Dazu fixierst du mit einem Faden ein schmales, glattes und biegsames Stück Birkenrinde über das abgeschrägte Rohr. Wenn du die Umwicklung mit dem Faden kurz hältst, ist das Rohrblatt länger, und die Schalmei klingt tief, wenn die Wicklung länger ist, klingt die Schalmei hell.

Zum Schluss wickelst du Schleifpapier um ein Stück Holz und schleifst damit 3 bis 5 Löcher in deine Schalmei.

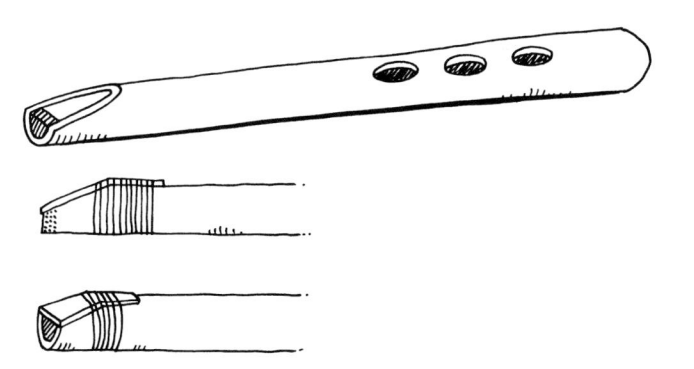

Tipp

Um auf der Schalmei zu spielen, nimmst du das Rohr in den Mund, und zwar so, dass das Rohrblatt frei schwingen kann und bläst so lange, bis ein Ton zu hören ist.

Geschichte aktiv!

Steinzeit

LITHOPHON

Arbeitsblatt

Beim Lithophon sind die Klangplatten aus Stein statt aus Holz wie beim Xylophon. Ansonsten ist das Prinzip gleich. So können z.B. Schiefer-, Basalt- oder Feuersteinplatten überraschend schön klingen, wenn sie frei schwingen.

Du brauchst:

- große, eher flache Steine als Klangplatten
- Holzklöppel (besser: Geweihklöppel)
- einzelne Fellstücke oder Äste als Unterbau

So geht's:

Sammle in der freien Natur – oder noch besser im Steinbruch – verschiedene Steine für dein Lithophon. Als Klangplatten eignen sich besonders größere, eher flache Steine. Wenn du dazu keine Gelegenheit hast, greifst du am besten auf längliche Fliesenreste zurück. Die bekommst du als Abfallprodukt im Baumarkt in der Regel umsonst.

Damit deine Steine frei schwingen können, legst du sie auf einzelne Fellstücke. Alternativ eignen sich auch dickere Äste oder Stöcke als Unterbau. Jetzt musst du deine Stein-Klangplatten nur noch sortieren: Von rechts nach links werden die Töne immer höher. Probiere mit einem Holzklöppel den Klang deiner Steine aus und ordne sie nach ihrer Klanghöhe an.

Tipp

Größere Steine bzw. Klangplatten klingen nicht zwangsläufig tiefer! Wie tief oder hell ein Stein klingt, hängt von seiner Länge und Dicke ab.

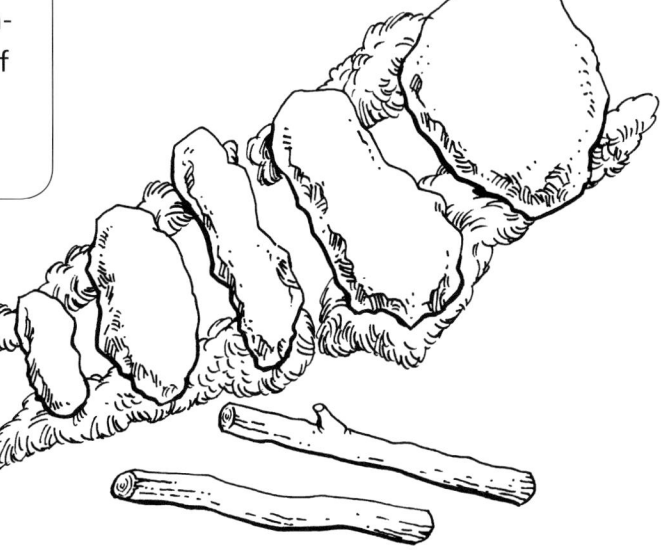

Geschichte aktiv!

Steinzeit

SCHRAPER

Arbeitsblatt

Ein Schraper ist ein Instrument, das schon seit der Steinzeit existiert. Es handelt sich um ein Stück Knochen oder Holz, in das Rillen hineingearbeitet wurden. Durch Schrapen (Schaben) mit einem Stab auf der gerillten Oberfläche lassen sich Töne erzeugen, die viel Lärm und Krach machen.

DU BRAUCHST:

- einen dickeren Knochen
- eine Rundfeile
- eine Säge
- ein Schnitzmesser
- einen Ast vom Haselnussstrauch

SO GEHT'S:

Als Erstes kochst du den Knochen in heißem Wasser aus, um ihn zu reinigen.

Anschließend spannst du den gereinigten Knochen in die Hobelbank ein und schnitzt mit dem Schnitzmesser in regelmäßigen Abständen ca. 2 mm tiefe Kerben ein.

Mit der Rundfeile feilst du die Kerben nach, sodass gleichmäßige Formen entstehen.

Den Ast vom Haselnussstrauch feilst du auf einer Seite auslaufend flach zu. Diese Seite benutzt du zum Hin- und Herschrapen. Um den Klang zu verändern, deckst du die Enden des Knochens mit einer Hand einmal mehr oder weniger ab.

TIPP

Statt eines Knochens kannst du auch einen dickeren Ast, z.B. vom Haselnussstrauch, für dein Schrapinstrument verwenden.

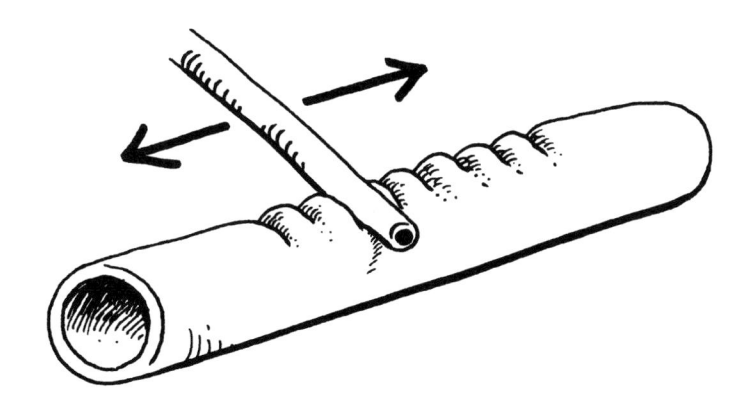

Steinzeit

Eine neue Lebensweise (1/2)

Infoblatt

Prof. Martin: Vor etwa 10 000 Jahren, also gegen Ende der letzten Eiszeit, wurde das Wetter immer wärmer.

Lukas: Das ist doch gut!

Prof. Martin: Nein, überhaupt nicht! Die Menschen waren ganz an diese Bedingungen angepasst. Es gab jede Menge Rentiere und Pferdeherden, das Wetter war zwar kalt, aber angenehm trocken. Dann wurde das Wetter plötzlich wärmer und feuchter. Mit dem Regen fingen weite Wälder an, zu wachsen. Die eiszeitlichen Tiere, die an dieses Klima nicht angepasst waren, starben aus oder zogen sich in den Norden zurück. Neue Tiere, wie Hirsch, Wildschwein, Reh oder Auerochse, wurden heimisch. Die veränderte Tierwelt erforderte eine neue Jagdtechnik. Scheue und in kleinen Gruppen lebende Waldtiere wurden nun nicht mehr mit Speer und Speerschleuder, sondern bevorzugt mit Pfeil und Bogen zur Strecke gebracht.

Diese Zeit der Veränderung nennt man Mittelsteinzeit. Die Menschen lebten immer noch als herumziehende Wildbeuter, doch die Zeit des großen Kunstwerkens fand vorläufig ein Ende. Es finden sich keine schönen Felsmalereien mehr und ebenso wenig kunstvolle Skulpturen. Die Mittelsteinzeit (9500–5500 v. Chr.) dauert nicht sehr lange, und bald wird es in Europa noch viel größere Veränderungen geben.

Lukas: Jetzt bin ich aber gespannt, Professor!

Prof. Martin: Dann spitz deine Ohren, wenn ich dir von der schlauen Nurka erzähle.

Die Geschichte von Nurka ereignete sich vor ca. 8000 Jahren im Vorderen Orient, im heutigen Nordirak. Zusammen mit ihrem Mann Tonga und den fünf Kindern lebt sie in einer Gruppe von Jägern und Sammlern. Tonga ist schon früh zur Gazellenjagd aufgebrochen, und nachdem die Kinder versorgt sind, bricht auch Nurka auf. Sie will Körner sammeln, denn gerade ist die Reifezeit von wilder Gerste und wildem Weizen. Das Sammeln von Körnern ist mühsam und nicht immer sehr ergiebig. Doch heute ist Nurkas Glückstag.

Die Sonne steht noch hoch am Himmel, als sie schon wieder zum Lager zurückkehrt. Stolz präsentiert sie ihren vollen Korb ihrer Freundin Nahija.

„Da staunst du, was Nahija?", lacht Nurka, als sie das überraschte Gesicht ihrer Freundin sieht.

„So viel Körner, und so schnell!", rutscht es der erstaunten Nahija heraus.
„Ja, heute ist das Glück auf meiner Seite. Aber noch viel spannender ist die Tatsache, wo ich all diese Körner gefunden habe", erzählt Nurka.
„Du machst mich neugierig", meint Nahija und blickt erwartungsvoll ihre Freundin an.
„Erinnerst du dich noch an die Felsen neben dem Fluss, die ein wenig wie ein Pferdekopf aussehen?", fragt Nurka.
„Ja, natürlich", antwortet Nahija fast ein wenig beleidigt.
„Am Fuß dieser Felsen wachsen eng aneinander Weizenpflanzen. So viel, dass ich einen ganzen Korb Körner damit füllen konnte", erzählt Nurka aufgeregt.
„Merkwürdig", ist alles was Nahija dazu einfällt.

Steinzeit

Eine neue Lebensweise (2/2)

Infoblatt

> „Das dachte ich auch zuerst, aber dann fiel es mir wie Schuppen von den Augen. Kannst du dich noch an letztes Jahr, als ich vom Körnersammeln zurückkam, erinnern? Es war schon dunkel und hatte geregnet. Ich bin auf einem Stein ausgerutscht, und der ganze Inhalt meines Korbes ist auf den Boden zwischen die Gräser gefallen, und zwar genau an der Stelle, wo ich heute den vielen Weizen gefunden habe", führt Nurka aus.
> „Und was willst du damit sagen?", fragt Nahija, immer noch völlig ahnungslos.
> „Mensch, Nahija, das liegt doch auf der Hand. Aus den Körnern, die auf die Erde gefallen sind, haben sich neue Pflanzen entwickelt. Und das Ergebnis siehst du hier." Nurka hält ihrer Freundin den prall gefüllten Korb mit Körnern unter die Nase.
> „Mmhh", brummt Nahija, „so könnte es tatsächlich gewesen sein."
> „Ich bin mir sicher", erwidert Nurka ungeduldig. „Wir probieren das einfach aus, und du wirst sehen, zur nächsten Reifezeit können wir körbeweise Körner ernten."
> „Na ja, ein Versuch ist es wert", antwortet Nahija, noch ein wenig skeptisch.
> „Bestimmt! Jetzt muss ich nur noch Tonga von meiner Idee überzeugen, wenn er von der Jagd zurück ist", meint Nurka und schwenkt glücklich ihren Korb.

Lukas: Und so haben die Menschen also entdeckt, wie sie Getreide anpflanzen?

Prof. Martin: Genau wissen wir das nicht, aber so könnte es sich zugetragen haben. Von dieser Beobachtung, wie sie Nurka in der Geschichte gemacht hat, bis zur planmäßigen Aussaat war es dann nur noch ein kleiner Schritt. Bald entdeckten die Menschen, dass sie mehr ernteten, wenn sie den Boden auflockerten und den Samen von größeren Ähren nahmen. So züchteten sie aus Wildformen ertragreichere Getreidesorten. Dazu mussten sie aber sesshaft werden. Da sie nun längere Zeit an einem Ort lebten, lohnte sich auch der Hausbau. Etwa zur gleichen Zeit lernten die Menschen auch, Schafe und Ziegen, später Schweine und Rinder zu zähmen und zu züchten. So waren sie nicht mehr auf das Jagdglück angewiesen.

Lukas: Das alles geschah im Vorderen Orient. Was hat das also mit den Veränderungen in Europa zu tun, von denen Sie sprachen?

Prof. Martin: Ackerbau und Viehzucht machten die Ernährung sicherer. Die Bevölkerungszahl wuchs. Bald reichte das fruchtbare Land im Vorderen Orient nicht mehr aus. So machten sich ganze Gruppen auf die Suche nach neuem Land. Sie zogen über die Mittelmeerküsten, das Donau- und Elbtal bis nach Europa. Um 5500 v.Chr. ließen sich schließlich die ersten Ackerbauern und Viehzüchter in Deutschland nieder. Sie verdrängten nach und nach die als Nomaden lebenden Jäger- und Sammlergesellschaften der Mittelsteinzeit.

Steinzeit

Eine neue Lebensweise

Arbeitsblatt

Nach der letzten _____ wurde das Klima viel _____. Im Vorderen Orient kam es in dieser Zeit zu reichen _____. Die karge Grassteppe verwandelte sich in eine grüne Landschaft mit weiten _____. _____ und _____, die hier schon lange wild wuchsen, breiteten sich rasch aus.
Die _____ und _____ waren gute Naturbeobachter. Sie entdeckten, dass nur an den Stellen _____ wachsen, auf die vorher _____ gefallen sind. Eines Tages streuten sie selbst _____ aus, um sich Vorräte anzulegen. _____ und Ernte zwangen die Menschen, sich in der Nähe ihrer Äcker aufzuhalten. So wurden sie _____ und lebten in Großfamilien und Sippen in meist kleinen _____.
Etwa zur gleichen Zeit begannen die Menschen, Schafe und Ziegen, später Schweine und Rinder zu _____ und zu _____. So waren sie nicht mehr auf die _____ angewiesen. Aus Jägern und Sammlern wurden _____ und _____. Ackerbau und Viehzucht sicherten die _____, sodass die Bevölkerung schnell _____.
Schon bald reichte das fruchtbare Land im Vorderen Orient nicht mehr aus. So kam es zu einer _____, die vor ca. 5500 Jahren auch Deutschland erreichte.

Jungsteinzeitliche Siedlung (Nachbau)

Aufgabe

Lies die beiden Infoblätter über die Ausbreitung einer neuen Lebensweise aufmerksam durch. Setze die folgenden Wörter sinnvoll in den Lückentext ein:
Regenfälle – Weizen – Jäger – Getreidekörner – sesshaft – Ernährung – Eiszeit – Jagd – wärmer – Gerste – Sammlerinnen – züchten – Bauern – Samen – Wälder – Wanderungsbewegung – anwuchs – Pflanzen – Viehzüchter – zähmen – Aussaat – Dörfer

Geschichte aktiv!

Steinzeit 62

Schattenseiten (1/2)

Infoblatt

Lukas: Endlich wurde das Leben für die Menschen in der Jungsteinzeit angenehmer!

Prof. Martin: Ach ja? Du solltest dir kein zu rosiges Bild von der Jungsteinzeit machen. Einige Probleme fingen jetzt erst an!

Lukas: Und welche?

Prof. Martin: Das Zusammenleben, eng auf eng und mit Tieren, hatte nicht nur seine guten Seiten. Wissenschaftler haben festgestellt, dass einige Krankheiten, die früher nur einzelne Tiere befallen haben, sich verbreiteten und auch auf die Menschen übertragen wurden. Krankheiten wie z.B. Tuberkulose, Lepra, Masern, Röteln, Mumps und Pocken sind seit der Jungsteinzeit beim Menschen nachweisbar. Zuvor, als die Menschen in kleinen Gruppen weit voneinander entfernt gelebt haben, gab es wenig Möglichkeiten, sich gegenseitig zu infizieren. Das änderte sich mit der Jungsteinzeit, in der die Menschen auf kleinerem Raum dichter nebeneinander lebten.

Lukas: Das hört sich logisch an.

Prof. Martin: Doch das ist noch nicht alles. Während der Eiszeit, als die Menschen noch Nomaden waren, lebten in den Sippen ungefähr 30 bis 40 Leute. Die verschiedenen Sippen wiederum lebten verstreut auf großem Raum. Sie trafen sich nur hin und wieder, damit auch die jungen Mitglieder einen Partner finden und gemeinsam Kinder zeugen konnten. Damit die Kleinkinder, die noch kein Fleisch verdauen konnten, satt wurden, wurden sie sehr lange von der Mutter gestillt. Man vermutet bis zu fünf Jahre! Das heißt, dass eine Frau höchstens alle fünf Jahre ein Kind bekam.

Lukas: Mmh, und was hat das jetzt mit der Jungsteinzeit zu tun?

Prof. Martin: In der Jungsteinzeit fingen die Menschen an, Getreide anzubauen, das sie wiederum zu Brei verarbeiten konnten. Nahrung also, die auch für Kleinkinder bekömmlich war. So mussten die Frauen vielleicht nur noch ein Jahr lang ihre Kinder stillen. Sie bekamen deutlich mehr Kinder als früher, und die Kindersterblichkeit sank, weil die Menschen nicht mehr gezwungen waren, in der Kälte umherzuziehen.

Lukas: Ah, ich verstehe! Die Sippen wurden deutlich größer, nicht wahr?

Prof. Martin: Stimmt. Es lebten nun bis zu 150 Menschen in einer Sippe, und die nächste Gruppe hatte sich vielleicht nur acht oder neun Kilometer entfernt niedergelassen. Doch die Menschen brauchten auch Platz für ihre Äcker und Wiesen, und die guten Plätze waren schnell besetzt. Aus Freunden, die sich ab und an getroffen haben, waren plötzlich Konkurrenten geworden.

Lukas: Dann waren Auseinandersetzungen ja praktisch vorprogrammiert.

Prof. Martin: Stelle dir vor, deine Sippe hat eine schlechte Ernte gemacht, oder der Getreidespeicher ist abgebrannt. Du weißt aber auch, dass die benachbarte Sippe genügend Vorräte angelegt hat. Was würdest du also tun?

Lukas: Vielleicht ein Tauschgeschäft vorschlagen?

Prof. Martin: Und wenn das nicht funktioniert? Würdest du deine Kinder verhungern lassen wollen?

Lukas: Bestimmt nicht! Dann würde ich noch eher die Getreidespeicher der anderen plündern.

Prof. Martin: Und damit eine gewaltsame Auseinandersetzung riskieren! Tatsächlich

Steinzeit

SCHATTENSEITEN (2/2)

Infoblatt

finden sich erst in der Jungsteinzeit Spuren von Kriegen: Menschenskelette mit Pfeilspitzen oder eingeschlagenen Schädeln und Massengräber wie z.B. in Talheim bei Heilbronn. Deshalb ist es auch nicht verwunderlich, dass wir Siedlungen aus der Jungsteinzeit finden, die mit Steinmauern und Gräben befestigt waren, um das Dorf vor Angriffen zu schützen.

Lukas: Es hat sich wirklich viel verändert – und ehrlich gesagt, nicht immer nur zum Guten!

Prof. Martin: Das ist aber noch nicht alles! Hast du z.B. schon einmal die Großsteingräber gesehen, auch „Hünengräber" genannt?

Lukas: Ja, ein solches Grab gibt es bei uns im Wald.

Prof. Martin: Früher dachten die Menschen, diese Gräber wären von Riesen, also „Hünen", erbaut worden.

Lukas: Das ist doch Quatsch!

Prof. Martin: Natürlich. Tatsächlich stammen sie aus der Jungsteinzeit. Noch zu Beginn der Jungsteinzeit wurden die Toten unweit der Siedlungen in Gruben beerdigt. Manchmal wurden die Verstorbenen auch verbrannt und ihre Asche in einer Urne beigesetzt. In manchen Gegenden wiederum war es Sitte, die Toten in „Steinkisten" zu bestatten: ein kistenförmiges Grab aus Steinen, das in den Boden eingesenkt wurde. Über diesen Gräbern und Steinkisten wurden oft Hügel aus Erde mit einer Begrenzung aus Steinen errichtet, so genannte „Grabhügel". Die beeindruckendsten Grabformen sind eindeutig die Großsteingräber. Diese konnten sehr lang sein und hatten einen abgetrennten Gang als Zugang. Errichtet wurden diese Großsteingräber meist in einiger Entfernung zur Siedlung.

Lukas: Und was sagen uns diese Gräber?

Prof. Martin: Na ja, solche riesigen Gräber zu bauen, verlangt eine gut organisierte Gesellschaft, technisches Können und Einfallsreichtum. Außerdem zeigen die Gräber und gefunden Grabbeigaben, dass die Menschen eine schon recht konkrete Vorstellung vom Leben im Jenseits entwickelt haben.

AUFGABE

Stelle dir vor, du bist der Anführer einer Sippe von Menschen aus der Jungsteinzeit und auf der Suche nach einem guten Siedlungsplatz. Du musst darauf achten, dass du einen Platz auswählst, der gut zu verteidigen ist, falls es in der Gegend andere Gruppen gibt, die euch angreifen könnten. Außerdem benötigt ihr Acker- und Weideflächen, die nicht zu trocken sind, aber auch nicht überschwemmt werden können. Und zu guter Letzt sollte gutes Bau- und Brennmaterial in der Nähe sein. Wo würdest du das Dorf für deine Sippe bauen? Zeichne in das Bild auf der nächsten Seite ein, wo du Häuser errichten, und wo du Äcker, Gärten und Weiden für das Vieh anlegen würdest.

Schattenseiten

Arbeitsblatt

STRAND WALD SUMPF FELSEN

WASSER GRAS GEBÜSCH

Geschichte aktiv!

Steinzeit 65

Steinzeitcookies

Arbeitsblatt

Das Hauptnahrungsmittel der Jungsteinzeit ist Getreide: Emmer, Einkorn, Nacktweizen und Gerste. Pro Tag verbrauchte eine zehnköpfige Sippe ca. 3 Kilo. Das Getreide wurde mühsam von Hand zu Mehl gemahlen. Mit Wasser vermischt wurden daraus z.B. Fladenbrote oder leckere Kekse zum Naschen gebacken.

Du brauchst:

- 1 kg Dinkel- oder Weizenvollkornmehl
- 200 g gehackte Haselnüsse
- 250 g Honig mit 250 ml Wasser verdünnt
- ein paar Pfefferminzblätter
- 1 Essl. Fenchelkörner
- ein Mörser

So geht's:

Um deine Steinzeitcookies zu backen, musst du zuerst ein Steinzeitfeuer entfachen.

Während dein Feuer brennt, zerstößt du im Mörser die Fenchelkörner. Die gewaschenen und getrockneten Pfefferminzblätter zerstampfst du ebenfalls im Mörser. Die zerstoßenen Fenchelkörner und Pfefferminzblätter mischt du zusammen mit den Haselnüssen unter das Vollkornmehl. Mit dem Honigwasser knetest du das Ganze zu einem festen Teig. Anschließend formst du mit den Händen walnussgroße Teigstücke zu flachen Talern.

Ist dein Feuer heruntergebrannt, entfernst du alle noch brennenden Holzstücke und wartest, bis die Glut mit einer weißen Ascheschicht bedeckt ist. Dann legst du die Cookies auf das Glutbeet und drehst sie immer wieder einmal um. Die Cookies sind fertig, wenn sie eine bräunliche Farbe annehmen und noch leicht nachgeben, wenn du mit dem Finger darauf drückst. Die Cookies schmecken besonders lecker mit einem Stück Apfel!

Tipp

Wenn du die Möglichkeit hast, kannst du Dinkel- oder Weizenkörner auf einem Mahlstein selbst zu Mehl zermahlen. Das erfordert zwar etwas Geduld und Ausdauer, ist dafür aber „steinzeitecht".

Geschichte aktiv!

Steinzeit

TÖPFERN (1/2)

Arbeitsblatt

In allen ausgegrabenen Siedlungen der Jungsteinzeit fanden die Archäologen Tonwaren, vor allem Töpfe und Krüge für die Aufbewahrung des Korns, zum Kochen und Trinken.

Du brauchst:

- Ton
- Schlicker (Kleber für Ton)
- ein Messer
- ein Schwämmchen
- alte Backsteine
- Holzmehl und ein wenig Holzkohle

So geht's:

Aufbau in Wulsttechnik

Zunächst knetest du eine flache, etwa 1 cm dicke Scheibe, den Boden. Am besten nimmst du ein Tuch als Unterlage, damit der Ton nicht auf dem Tisch kleben bleibt. Den übrigen Ton rollst du in mehrere fingerdicke Wülste. In den Rand der Bodenscheibe ritzt du mit der Messerspitze kleine Schnitte und streichst das Ganze mit Schlicker ein. Jetzt kannst du auf den Boden den ersten Tonwulst ankleben. Den hervorquellenden Schlicker streichst du mit einem feuchten Schwämmchen weg. So, Schritt für Schritt, baust du nun dein Gefäß auf. Die Rillen zwischen den Wülsten streichst du mit einem Schaber oder mit den Fingern schön glatt.

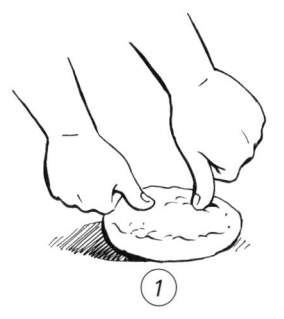

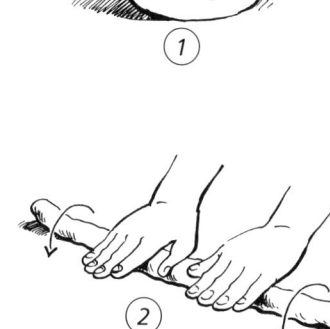

Geschichte aktiv!

Steinzeit

Töpfern (2/2)

Arbeitsblatt

Tipp

Vielleicht habt ihr einen Keramikofen an der Schule. Damit ist das Brennen einfacher, und es zerspringen weniger Gefäße.

Aufbau in Daumentechnik

Als Erstes formst du mit den Händen eine Tonkugel, die etwas größer ist als ein Hühnerei. Achte darauf, dass deine Tonkugel schön glatt ist und keine Risse hat. Vorsichtig bohrst du nun mit dem Daumen ein Loch in den Ton. Natürlich sollte dabei dein Daumen am unteren Ende nicht wieder zum Vorschein kommen! Die um die Vertiefung entstandenen dicken Wände musst du nun immer weiter verdünnen, indem du den Ton zwischen deinem Daumen sowie deinem Zeige- und Mittelfinger knetest und dabei vorsichtig nach oben ziehst. Falls sich der Ton etwas trocken anfühlt, feuchtest du ihn leicht an, damit er keine Risse bekommt. Wenn das Gefäß nach einem Tag etwas getrocknet ist, kannst du es mit einem spitzen Gegenstand oder einem Stück Seil verzieren.

Brennen

Vor dem Brand muss der Ton gut trocknen – das kann ein paar Tage dauern! Du kannst dein Gefäß – wie in der Jungsteinzeit – im Feuer brennen. Das gelingt am besten mit einem Schmauchbrand. Dazu baust du mit den Backsteinen Schritt für Schritt einen Kuppelofen auf. Die Größe des Ofens hängt natürlich davon ab, wie viele Gefäße du zu brennen hast. Die Gefäße füllst du mit Holzmehl und stellst sie mit der Öffnung nach oben in den Ofen. Wichtig ist, dass du den Ofen bis oben hin mit Holzmehl und Holzkohle ausfüllst. Dann legst du eine Schaufel Glut und brennende Äste oben auf, damit das Gemisch aus Holzmehl und Holzkohle zu brennen beginnt. Dann verschließt du den Ofen mit den letzten Backsteinen und lässt das Ganze durchbrennen. Das kann bis zu 24 Stunden dauern! Am nächsten Tag öffnest du den Ofen und nimmst die Töpfe vorsichtig mit der Holzzange heraus. Die gebrannten Töpfe haben eine schwarzgraue oder braungraue Färbung. Das ist normal, so sah auch die Keramik in der Jungsteinzeit aus.

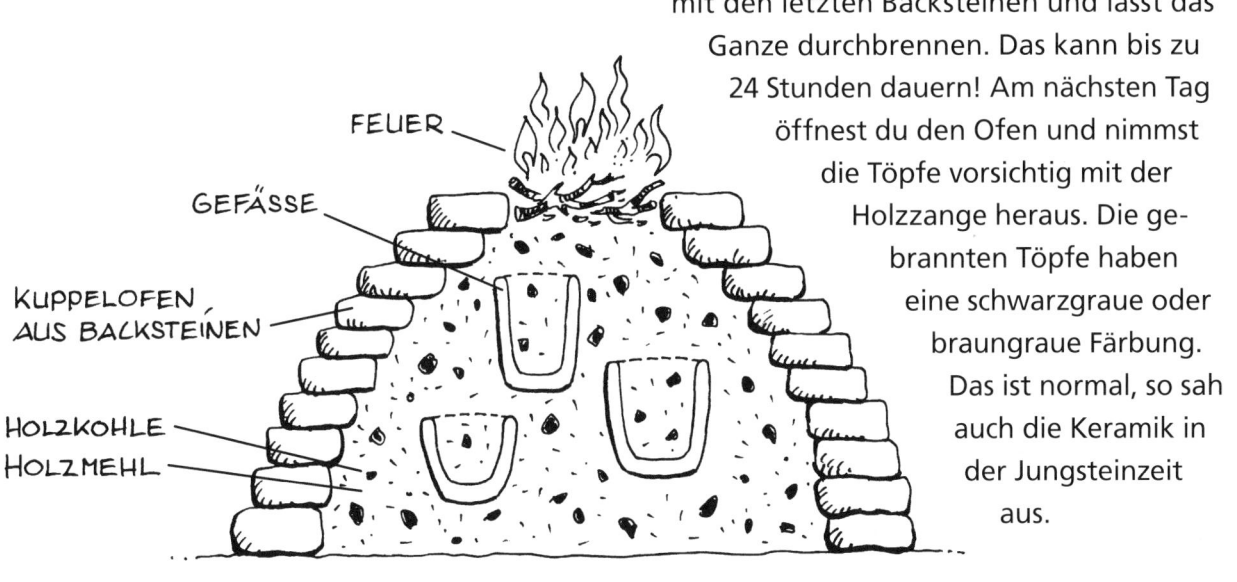

Ötzi, der Mann aus dem Eis (1/2)

Infoblatt

Prof. Martin: Es war der 19. September 1991, als ein Ehepaar aus Nürnberg in den Ötztaler Alpen plötzlich vor einem grausigen Fund stand. Aus dem angestauten Gletschereis, über das die beiden Bergwanderer gerade stiegen, ragte plötzlich eine Leiche heraus. Sie lag in einer mit Schmelzwasser gefüllten Felsmulde.

Lukas: Puhh, wie gruselig!

Prof. Martin: Zuerst glaubte man, es handele sich um einen verunglückten Bergsteiger. Bald stand aber fest: Der Fund war eine Sensation, denn der vom Eis gefrorene Körper gehörte zu den ältesten menschlichen Mumien überhaupt.

Lukas: Ah, jetzt weiß ich von wem Sie sprechen – Ötzi!

Prof. Martin: Richtig. Ötzi war ein Mensch aus der Jungsteinzeit, der zwischen 3350 und 3100 v. Chr. lebte. Er war ungefähr 1,60 m groß und etwa 47 Jahre alt, als er starb.

Lukas: Und was ist das Außergewöhnliche an Ötzi?

Prof. Martin: Das Besondere an diesem Fund ist, dass ein Mann – mitten aus dem Leben gerissen – in vollständiger Kleidung und Ausrüstung erhalten blieb. Ötzi erlaubt uns so einen detaillierten Einblick in das Erscheinungsbild und das Alltagsleben eines Alpenbewohners vor über 5000 Jahren.

Lukas: Wie war er denn gekleidet, der Mann aus dem Eis?

Prof. Martin: Ötzi trug einen ca. zwei Meter langen Gürtel mit eingenähter Tasche. In dem Täschchen verwahrte er kleinere Feuersteingeräte und eine Knochenahle. Dieser Gürtel hielt auch seine „Unterhose", einen Lendenschurz aus weichem Ziegenleder. Der viereckige Schurz wurde zwischen den Beinen durchgezogen und vorn und hinten unter dem Gürtel eingeschlagen. An diesem Gürtel hing auch seine Hose, bestehend aus zwei Beinröhren, ebenfalls aus Ziegenleder. Am unteren Ende der Beinröhre war je eine Lasche aus Hirschfell angenäht, die am Schuhwerk festgebunden wurde, um zu verhindern, dass die Hose beim Laufen hoch rutschen konnte. Seine Schuhe aus Bären- und Hirschleder waren mit „Socken" aus Stroh ausgestopft, die in einem Geflecht aus Pflanzenfasern an Ort und Stelle gehalten wurden. Um den Schuhen Profil zu geben, waren an der Sohle Lederstreifen angebracht. Natürlich trug er auch einen warmen Mantel aus zusammengenähten hellen und dunklen Ziegenfellstreifen und auf seinem Kopf saß eine Bärenfellmütze.

Lukas: Der war aber gut eingepackt! Und was hatte er an Ausrüstung dabei?

Prof. Martin: Ötzi führte eine so umfassende und effektive Ausrüstung mit sich, dass er seiner Siedlung ohne Probleme über einen längeren Zeitraum fern bleiben konnte. Das mitgeführte Beil mit einer Klinge aus Kupfer ist vollständig erhalten. Mit diesem Beil war es möglich, Bäume zu fällen. Da Kupfer damals sehr wertvoll war, liegt die Vermutung nahe, dass Ötzi eine angesehene gesellschaftliche Stellung einnahm. Er besaß außerdem einen Dolch aus Feuerstein und hatte einen noch nicht fertig gestellten Bogen aus Eibenholz sowie einen Köcher mit 12 Pfeilen bei sich, von denen allerdings nur zwei schussbereit waren. Eine Rückentrage mit einem Fellsack gehörte ebenfalls zu seiner Ausrüstung. So ausgestattet, konnte Ötzi seine Ausrüstung selbst reparieren und Gegenstände herstellen. Auch an das überlebens-

Ötzi, der Mann aus dem Eis (2/2)

Infoblatt

wichtige Feuer in den kalten Bergen hatte er gedacht. In einem von zwei Birkenrindengefäßen fand man Reste von Holzkohle. Offenbar transportierte Ötzi darin die Glut des letzten Lagerfeuers.

Lukas: Und wie kam Ötzi schließlich ums Leben?

Prof. Martin: Die Wissenschaftler haben lange gerätselt, wie er gestorben ist, bis sie auf Röntgenbildern eine Pfeilspitze im linken Schulterbereich entdeckten, die vermutlich ein großes Blutgefäß verletzt hat. Der Mann aus dem Eis muss innerhalb kürzester Zeit verblutet sein.

Lukas: Heißt das, Ötzi ist ermordet worden?

Prof. Martin: Höchstwahrscheinlich wurde er bei einer gewalttätigen Auseinandersetzung angegriffen und kam dabei um. Auf seiner Ausrüstung konnten auch Blutspuren von verschiedenen Menschen nachgewiesen werden. Den Grund des tödlichen Kampfes kennen wir allerdings nicht.

Lukas: Das klingt wie in einem Krimi!

Prof. Martin: Ja, nicht wahr? Wenn du noch mehr über Ötzi erfahren möchtest, dann kannst du auf der Webseite **www.iceman.it** auf Spurensuche gehen oder ihn im Archäologiemuseum in Bozen besuchen, wo er seine letzte Ruhestätte fand.

Lukas: Aber Bozen ist doch in Italien! Ich dachte immer, Ötzi sei in Österreich entdeckt worden?

Prof. Martin: Da Ötzi in der Grenzregion zwischen Nord- und Südtirol und damit zwischen Österreich und Italien gefunden wurde, erhoben beide Staaten zunächst Anspruch auf den Fund. Eine Neuvermessung des Grenzverlaufes brachte dann schließlich Gewissheit: Der Fundort befindet sich 92,56 m von der Staatsgrenze entfernt auf Südtiroler Boden.

Geschichte aktiv!

Steinzeit

Ötzi, der Mann aus dem Eis

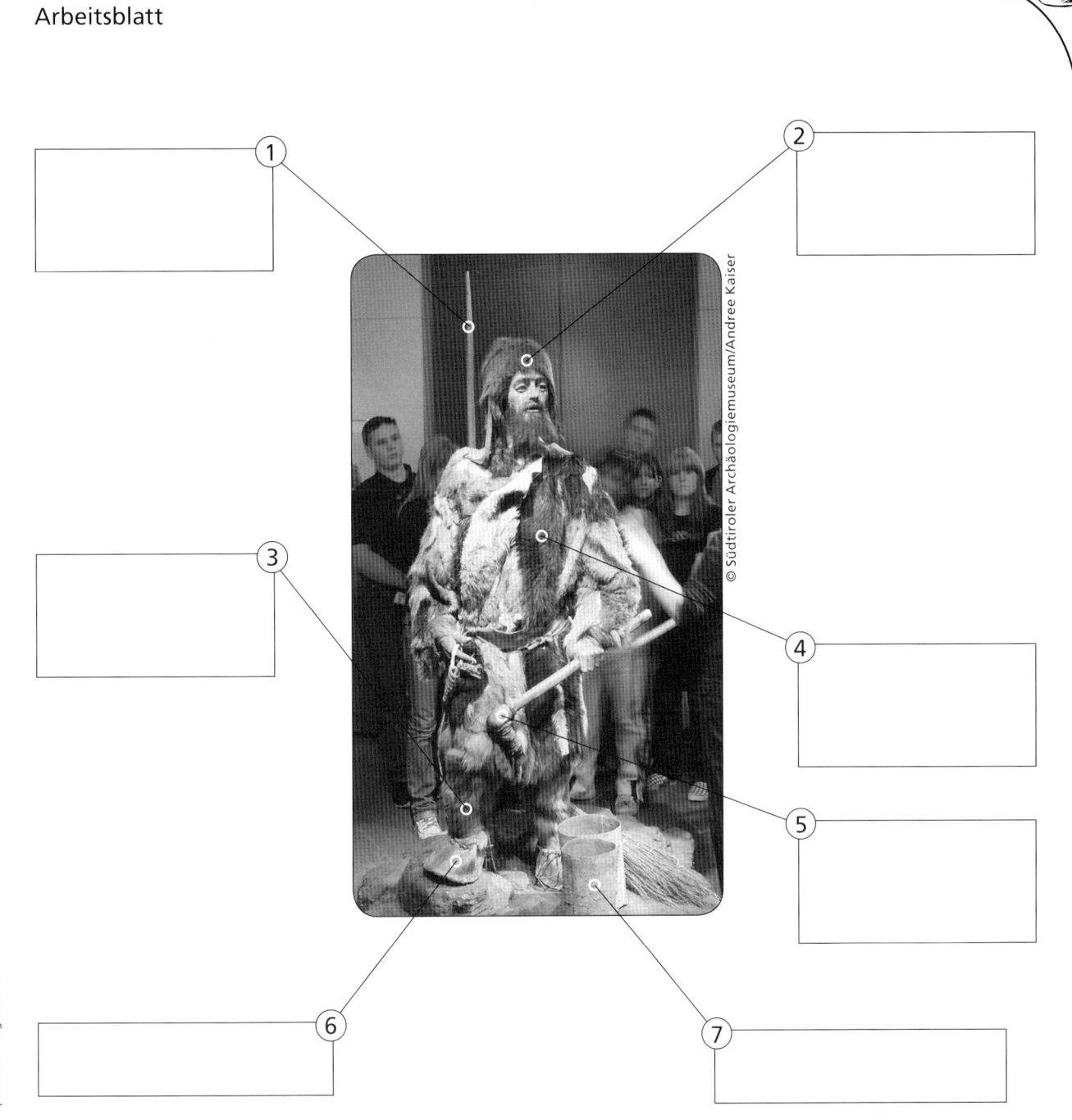

Arbeitsblatt

1
2
3
4
5
6
7

Aufgaben

1. Lies dir das Infoblatt über Ötzi aufmerksam durch: Wie war er bekleidet und welche Ausrüstungsgegenstände hatte er bei sich? Beschrifte die Nachbildung des Mannes aus dem Eis.
2. Die Geschichte von Ötzi ist so spannend wie ein Krimi. Schließlich hatte er eine Pfeilspitze im Schulterblatt, an der er vermutlich gestorben ist. Sein wertvolles Beil wurde aber nicht gestohlen. Und warum hatte er einen unfertigen Bogen und 12 Pfeile bei sich, dich noch nicht schussbereit waren? War er etwa auf der Flucht? Und wenn ja, warum? Nimm dir ein Blatt, und schreibe deine Ötzi-Geschichte.

Geschichte aktiv!

Steinzeit 71

Die Bronzezeit

Infoblatt

Prof. Martin: Auf die Jungsteinzeit in Deutschland folgt um 2200 v. Chr. ein neues Zeitalter, die Bronzezeit.

Lukas: Ist die Steinzeit damit zu Ende?

Prof. Martin: Ja, doch der Übergang von der Jungsteinzeit zur Bronzezeit kam nicht urplötzlich. Die Wurzeln der Bronzezeit liegen in der Kupferzeit. Genau genommen handelt es sich bei der Kupferzeit um die jüngsten Zeitabschnitte der Jungsteinzeit. Die Kupferzeit bildet also den Übergang von der Jungsteinzeit zur frühen Bronzezeit. Damals entstanden die grundlegenden Techniken der Metallgewinnung und -verarbeitung.

Lukas: Was war denn so besonders an diesem Metall?

Prof. Martin: Mit der Bronze, einer Legierung aus ca. 90 Prozent Kupfer und ca. 10 Prozent Zinn, stand unseren Vorfahren ein Material zur Verfügung, das viel härter war als reines Kupfer. Diese Legierung schmilzt leichter und lässt sich nach Belieben bearbeiten und formen: zu Werkzeugen, Waffen, Haushaltsgeräten und Schmuck. Um an die Rohstoffe zu gelangen, betrieben die Menschen Handel. Bronze wurde wertvoll, weil die nötigen Rohstoffe nicht überall in der Landschaft vorkamen. Je nachdem, in welcher Region die Menschen lebten, musste es über weite Strecken, oft bis zu 2000 Kilometer hinweg, besorgt werden. Vor allem Zinn war rar, und in der Regel erwarben es die Menschen über weite Handelswege im Austausch gegen andere Waren.

Lukas: Und welche Auswirkungen hatte die Bronzezeit auf das Leben der Menschen?

Prof. Martin: Die Menschen ließen sich vor allem an den Knotenpunkten des Metallhandels nieder. Sie bauten Siedlungen, bestellten Felder und züchteten Nutztiere. Diese Siedlungen blühten richtig auf, denn sie waren die Zentren eines überregionalen Austausches von Rohstoffen und Prestigegütern, wie Kupfer, Zinn, Gold, Bernstein und Salz. Am wichtigsten und wertvollsten war aber das Metall.

Lukas: Aber die Menschen in der Jungsteinzeit waren doch auch schon sesshaft!

Prof. Martin: Richtig, doch für die Arbeiten rund um die Metallgewinnung und -verarbeitung waren besondere Fähigkeiten und spezielles Wissen gefragt. So entwickelte sich eine berufliche Spezialisierung. Da gab es z.B. Bergleute, Bronzegießer, Handwerker wie Schmiede, Korbflechter oder Glasperlenmacher und natürlich Händler. Und mit dem blühenden Handel und der beruflichen Spezialisierung gab es auf einmal so etwas wie Reich und Arm. Es bildeten sich Eliten und Familiendynastien, die an Einfluss gewannen und sich an die Spitze der Gesellschaft stellten.

Lukas: Und wie können wir so sicher sein, dass es schon so etwas wie eine Ober- und Unterschicht gab?

Prof. Martin: Archäologen haben aus dieser Zeit reich ausgestattete Gräber gefunden. Den Verstorbenen wurden z.B. oft Schmuckstücke als Zeichen ihrer sozialen Stellung mit ins Grab gelegt.

Lukas: Reichtum und Macht, das verursacht doch bestimmt Neid und Streitigkeiten, oder?

Prof. Martin: Da liegst du ganz richtig. Die kriegerischen Auseinandersetzungen der Jungsteinzeit nahmen zu. Berittene Gruppen zogen durch das Land, und es fanden regelmäßig Plünderungen statt. Dagegen organisierten sich die Siedlungen in befestigten Städten. Diese Festungen, die sich bereits gegen Ende der Jungsteinzeit finden, werden mit der Zeit immer mehr.

Die Bronzezeit

Arbeitsblatt

Aufgabe

Lies dir das Infoblatt über die Bronzezeit aufmerksam durch und versuche, das Kreuzworträtsel zu lösen.

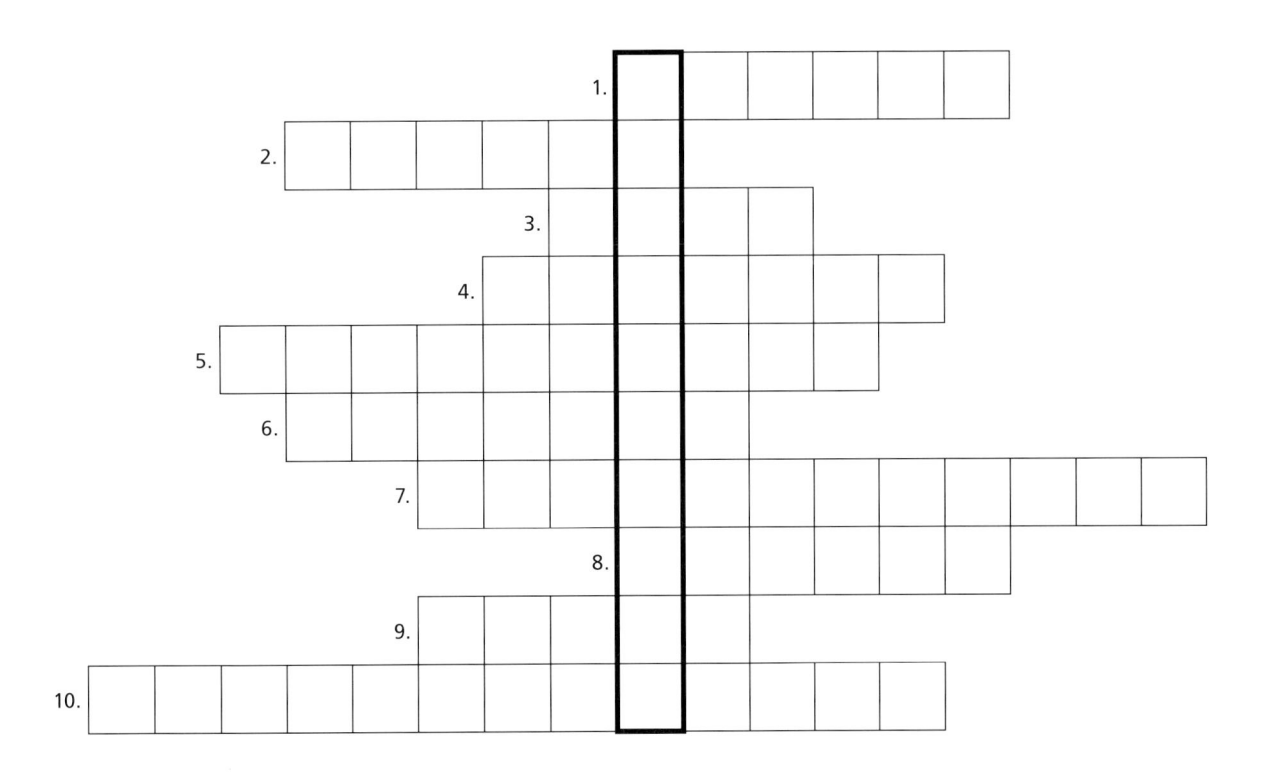

1. Welches Material ist härter: Kupfer oder Bronze?
2. Bronze besteht aus Zinn und …
3. Ein beliebtes Handelsgut im Austausch mit Rohstoffen wie Kupfer oder Zinn
4. Wer übernahm den Transport und Austausch von Rohstoffen und Metallgegenständen?
5. So bezeichnet man den Übergang von der Jungsteinzeit zur Bronzezeit.
6. Ein neuer Beruf in der Bronzezeit
7. Durch die Unterteilung in verschiedene Berufe wurden die Menschen zu … auf ihrem Gebiet.
8. Mit der Bronzezeit ändert sich die Gesellschaftsstruktur, es bildeten sich einflussreiche …
9. Vor der Entdeckung von Metallen nutzten die Menschen Knochen, Holz und … als Werkstoffe.
10. Besonders beliebt neben Waffen und Werkzeugen waren … aus Bronze.

Diese Epoche (2200–800 v. Chr.) heißt

_____

Geschichte aktiv!

Steinzeit 73

Ring

Arbeitsblatt

Du brauchst:

- Kupfer- oder Messingdraht (Dicke: 1,2 mm)
- einen schmaler Papierstreifen
- eine Spitzzange
- eine Flachzange
- einen kleinen Hammer
- Amboss
- Stahlwolle

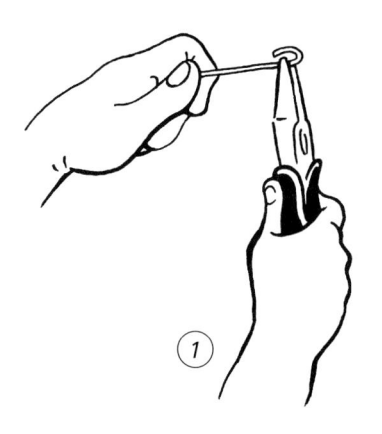

So geht's:

Als Erstes musst du deine Ringstärke ermitteln. Dazu nimmst du einfach einen schmalen Papierstreifen und wickelst ihn zweimal um einen Finger deiner Wahl. Den Streifen schneidest du genau an der Stelle ab, an der du ihn angelegt hast.

Als Nächstes nimmst du ein Stück Draht von etwa 25 bis 28 cm Länge und säuberst ihn mit Stahlwolle. Mit der Spitzzange versuchst du nun, an beiden Drahtenden eine möglichst kleine Schlaufe einzudrehen. Anschließend wickelst du mit der Flachzange den Draht auf beiden Seiten wie eine Lakritzschnecke ein – so weit, bis auf das Drahtstück zwischen den beiden Schneckenmitten exakt dein Papierstreifen passt. Die beiden Schnecken können gleich groß oder unterschiedlich groß sein, so wie es dir am besten gefällt.

Jetzt muss der Draht noch gehärtet werden. Hierfür hämmerst du den Draht über die ganze Länge auf dem Amboss. Achte darauf, dass du den Draht mit dem Hammer schön regelmäßig und nicht zu stark bearbeitest. Zum Schluss wickelst du den Draht um deinen Finger, bis sich beide Schnecken genau gegenüberliegen. Fertig ist dein bronzezeitlicher Ring!

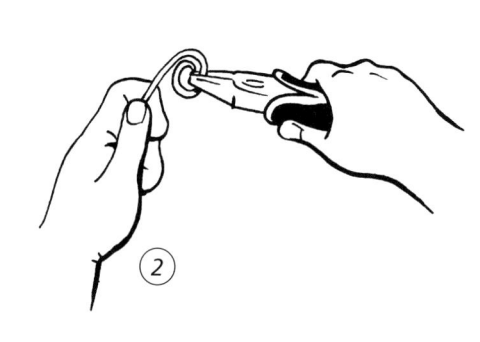

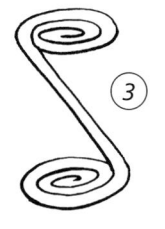

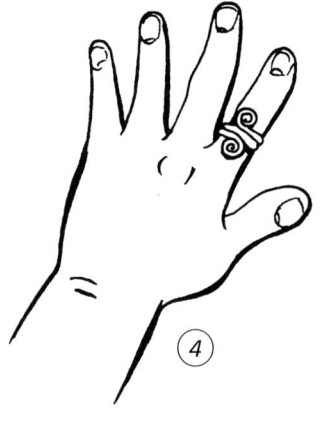

Geschichte aktiv!

Steinzeit

Armreif

Arbeitsblatt

Du brauchst:

- Kupfer- oder Messingdraht (Dicke: 1,2 mm)
- eine Spitzzange
- zwei Flachzangen
- einen kleinen Hammer
- einen Amboss
- Stahlwolle

So geht's:

Als Erstes musst du dir drei Stücke Draht von etwa 25 bis 28 cm Länge zuschneiden, die du mit Stahlwolle säuberst. Die drei Drähte legst du auf den Tisch dicht nebeneinander. Nun biegst du die Drahtenden (etwa 6 cm) zur Seite: zwei Enden nach rechts und ein Ende nach links.

Mit den beiden Flachzangen hältst du das Drahtbündel vor den umgebogenen Enden fest und drehst es in entgegensetzter Richtung wie ein Seil ein. Hier kann dir auch ein Partner zur Hand gehen.

Jetzt muss das eingedrehte Drahtstück noch gehärtet werden. Hierfür hämmerst du den Draht über die ganze Länge auf dem Amboss. Achte darauf, dass du den Draht mit dem Hammer schön regelmäßig und nicht zu stark bearbeitest.

Anschließend machst du mit der Spitzzange jeweils eine möglichst kleine Schlaufe in die Drahtenden. Dann wickelst du mit der Flachzange die Drahtenden wie Lakritzschnecken ein und richtest sie dabei wie bei einem dreiblättrigen Kleeblatt aus. Nun kannst du das kunstvoll geformte Drahtstück anlegen, um es mit vorsichtigem Biegen und Drücken deinem Handgelenk anzupassen.

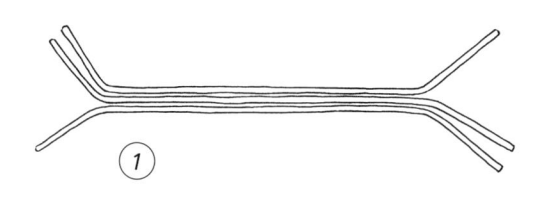

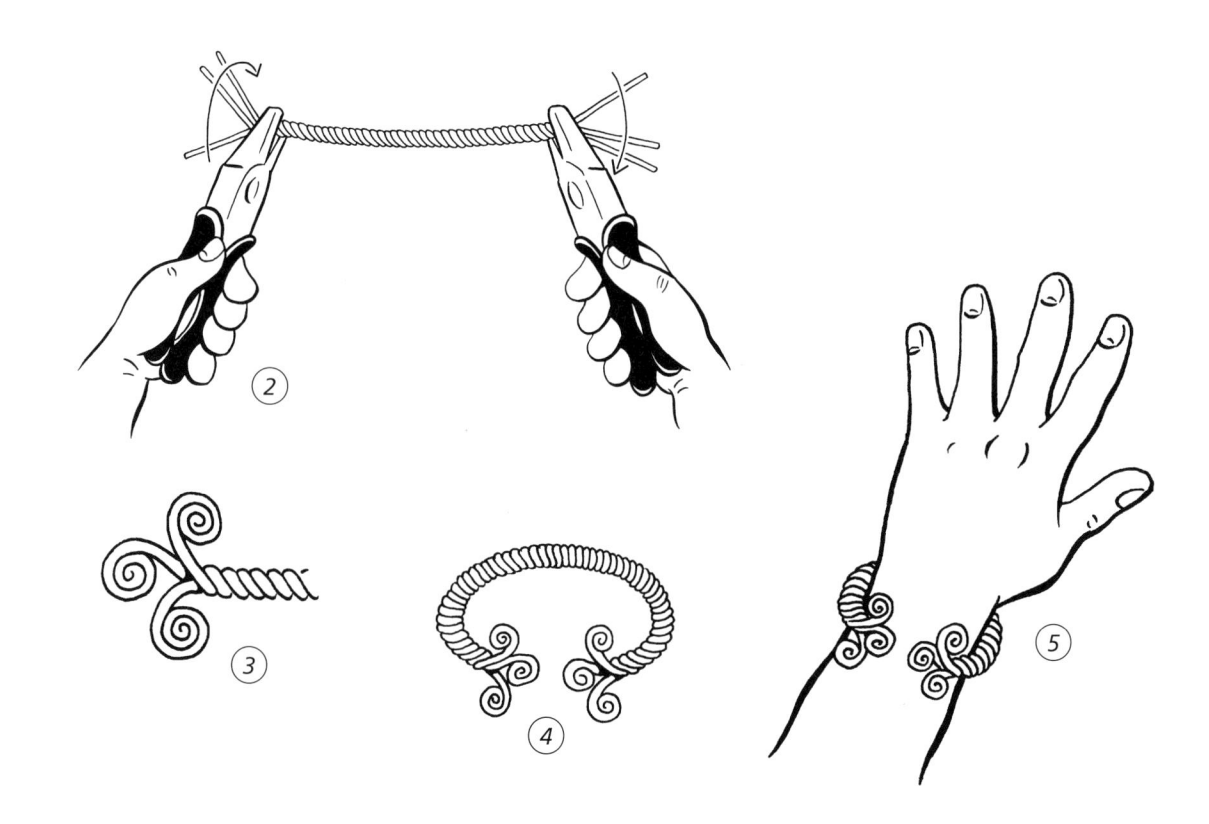

Geschichte aktiv!

Steinzeit

Fibel

Arbeitsblatt

Eine Fibel ist eine Gewandnadel nach dem Prinzip der Sicherheitsnadel, deren erste Formen schon in der Bronzezeit nachweisbar sind und die bis ins hohe Mittelalter Verwendung fanden.

Du brauchst:

- Kupfer- oder Messingdraht (Dicke: 1,8 mm)
- eine Spitzzange
- einen kleinen Hammer
- einen Amboss
- Stahlwolle
- eine Metallfeile
- eine Stricknadel

So geht's:

Als Erstes schneidest du dir zwei Stücke Draht von etwa 12 cm zu, die du mit Stahlwolle säuberst. Aus einem der beiden Drahtstücke formst du dir eine Schließnadel. Hierfür bearbeitest du das untere Drittel des Drahtstücks mit dem Hammer auf dem Amboss, sodass dieses richtig gehärtet wird. Dann feilst du ein Ende mit der Metallfeile spitz zu. Das andere Ende wickelst du mit der Zange drei- bis viermal um eine Stricknadel. Wenn der Draht lang genug ist, kannst du das überstehende Reststück mit der Spitzzange zu einer kleinen Schnecke formen.

Das andere Drahtstück formst du mit Hilfe eines Besenstiels oder Ähnlichem zu einem bauchigen, fast geschlossenen Ring. Dann führst du die Schließnadel durch den Ring. Die Spitze der Nadel sollte knapp über den Ring reichen, damit du mit der Fibel einen Umhang oder ein Tuch zusammenhalten kannst. Die beiden Enden des Rings biegst du leicht nach außen und drehst sie mit der Zange zu einer Schnecke ein. Zum Schluss härtest du deine Fibel mit dem Hammer auf dem Amboss. Achte darauf, dass du den Draht schön regelmäßig und nicht zu stark bearbeitest.

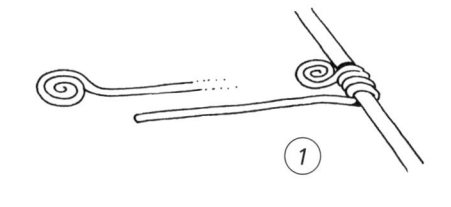

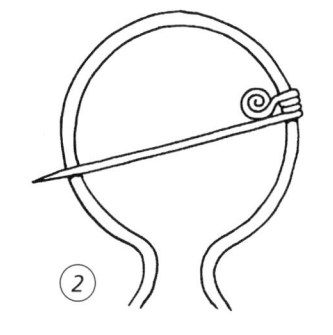

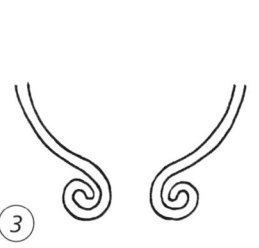

Geschichte aktiv!

Steinzeit

Lösungen (1/3)

Wie es nicht gewesen ist!
(Seite 9)

Zu 1: Steinzeitklischees
1. Steinzeitmenschen waren klein.
2. Steinzeitmenschen waren nur mit einem leichten Lendenschurz aus Fell bekleidet.
3. Steinzeitmenschen konnten sich nur mit grunzenden Lauten verständigen.
4. Steinzeitmenschen waren „dumm".
5. Steinzeitmenschen haben mit Fallgruben Mammuts gejagt.
6. Steinzeitmenschen haben immer nur in Höhlen gelebt.
7. Steinzeitmenschen haben mit zwei Stück Feuerstein Feuer gemacht.

Warum „Steinzeit"? (Seite 11)

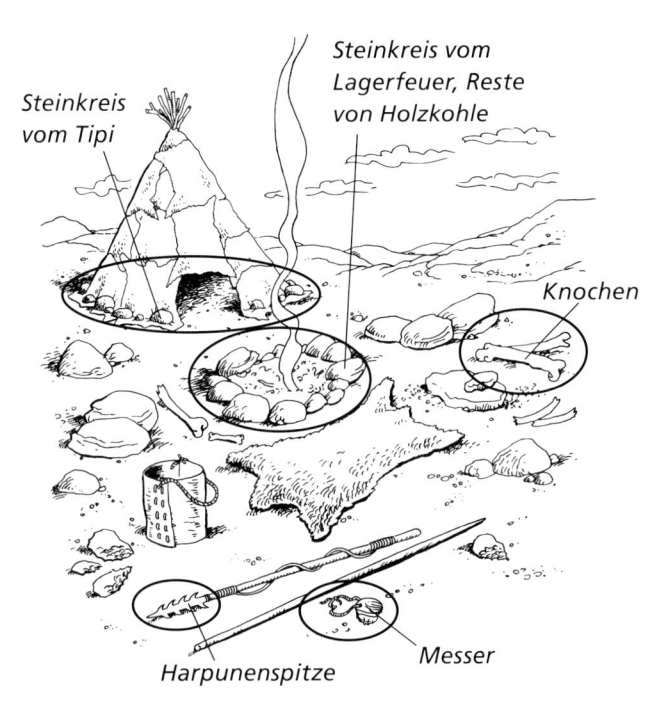

Beschriftungen der Skizze:
- Steinkreis vom Tipi
- Steinkreis vom Lagerfeuer, Reste von Holzkohle
- Knochen
- Harpunenspitze
- Messer

Der Neandertaler (Seite 23)

1. ☒ In einer Höhle
   ☒ In einem Zelt

2. ☒ Er schlüpft in seinen Bärenfellparka mit Schneehasenfutter. Der ist kuschelig und hält schön warm.

3. ☒ Wurfspeere zum Jagen der Tiere.

4. ☒ Er kann sprechen und sagt, dass er nicht mitkommen wird.
   ☒ Er teilt den anderen mit, dass er nicht jagen geht. Als die anderen aufgebrochen sind, setzt er sich ans Feuer und schnitzt einen Speer.

5. ☒ Er spießt das Fleisch auf einen Stock und grillt es über dem Feuer.

6. ☒ Sie bringen ihn ins Lager und pflegen ihn.
   ☒ Eine Frau kennt sich gut mit Heilkräutern aus und bestreicht seine Wunde mit Pflanzenbrei. Morek hilft ihr, den gebrochenen Arm zu schienen.

7. ☒ Sie begraben ihn.

Die Tierwelt (Seite 33)

Zu 1: Kennst du die Namen der Tiere?
1. Mammut
2. Wollnashorn
3. Bison
4. Rentier

Die Höhle von Lascaux
(Seite 45–47)

Zu 1: Notizzettel des Reporters
In der richtigen Reihenfolge sortiert, ergeben die Antworten das Lösungswort **DORDOGNE**.

Lösungen (2/3)

Steinzeitmusik (Seite 54)

A	F	D	X	S	M	W	S	Ä	O	Z	Y
K	L	L	B	V	C	Q	C	P	R	J	S
E	Ö	D	C	R	F	V	H	T	G	B	C
Z	T	H	N	U	J	M	R	I	K	L	H
O	E	Ö	P	Ä	Y	F	A	Y	X	C	W
V	B	N	M	Q	W	E	P	R	T	Z	I
U	I	T	R	O	M	M	E	L	O	P	R
A	S	D	F	G	H	J	R	K	L	Ö	R
Q	Y	W	X	E	C	R	V	T	B	Z	H
M	U	S	I	K	B	O	G	E	N	I	O
U	M	Ü	I	L	B	F	S	P	X	R	L
T	G	H	L	M	I	Q	D	V	H	S	Z

Eine neue Lebensweise (Seite 62)

Nach der letzten **Eiszeit** wurde das Klima viel **wärmer**. Im Vorderen Orient kam es in dieser Zeit zu reichen **Regenfällen**. Die karge Grassteppe verwandelte sich in eine grüne Landschaft mit weiten **Wäldern**. **Gerste** und **Weizen**, die hier schon lange wild wuchsen, breiteten sich rasch aus. Die **Jäger** und **Sammlerinnen** waren gute Naturbeobachter. Sie entdeckten, dass nur an den Stellen **Pflanzen** wachsen, auf die vorher **Samen** gefallen sind. Eines Tages streuten sie selbst **Getreidekörner** aus, um sich Vorräte anzulegen. **Aussaat** und Ernte zwangen die Menschen, sich in der Nähe ihrer Äcker aufzuhalten. So wurden sie **sesshaft** und lebten in Großfamilien und Sippen in meist kleinen **Dörfern**.

Etwa zur gleichen Zeit begannen die Menschen, Schafe und Ziegen, später Schweine und Rinder zu **zähmen** und zu **züchten**. So waren sie nicht mehr auf die **Jagd** angewiesen. Aus Jägern und Sammlern wurden **Bauern** und **Viehzüchter**. Ackerbau und Viehzucht sicherten die **Ernährung**, sodass die Bevölkerung schnell **anwuchs**. Schon bald reichte das fruchtbare Land im Vorderen Orient nicht mehr aus. So kam es zu einer **Wanderungsbewegung**, die vor ca. 5500 Jahren auch Deutschland erreichte.

Schattenseiten (Seite 65)

Das Dorf liegt oberhalb des Wassers und ist leicht zu verteidigen. Eine Palisade mit Gräben schützt den Eingang zum Dorf. Hierfür wurden die Gebüsche entfernt. Der Fluss mit seinem fließenden Wasser liefert gutes Trinkwasser und bietet die Möglichkeit zum Fischen.

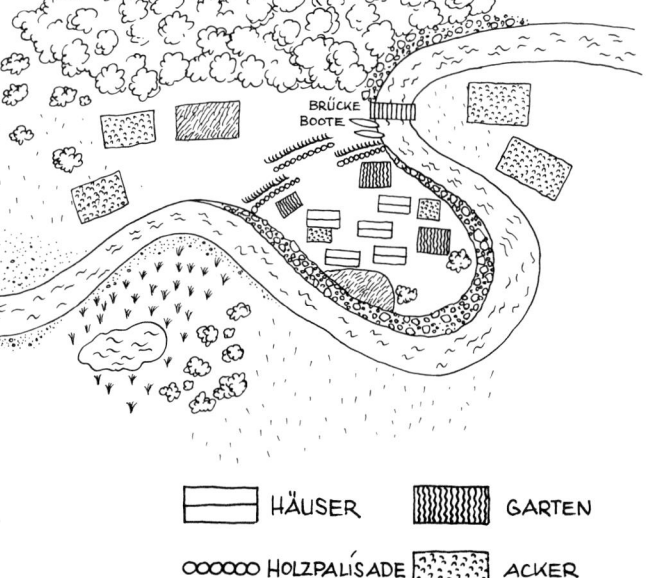

Lösungen (3/3)

Im Bereich des Dorfes ist Platz für Gärten und einige kleine Weiden. Der Wald ist nicht weit entfernt, wo es genügend Brennmaterial und Holz zum Bau von Häusern gibt. Außerdem kann man dort auf die Jagd gehen. Die Äcker sind vor Überschwemmungen sicher und im Sumpfgebiet können Frauen und Kinder nach Fröschen und anderen Leckereien wie z.B. Enteneiern suchen. Und zu guter Letzt liefert der Sumpf Schilf zum Decken der Dächer.

Ötzi der Mann aus dem Eis (Seite 71)

Zu 1:

1. unfertiger Bogen aus Eibenholz
2. Bärenfellmütze
3. Beinkleider aus Ziegenfell
4. Mantel aus Ziegenfell
5. Beil mit Kupferklinge
6. Schuhe aus Hirsch- und Bärenleder
7. Birkenrindengefäße, u.a. für die Glut

Bronzezeit (Seite 73)

Diese Epoche (2200–800 v.Chr.) heißt **Bronzezeit**.

1. BRONZE
2. KUPFER
3. GOLD
4. HÄNDLER
5. KUPFERZEIT
6. SCHMIED
7. SPEZIALISTEN
8. ELITEN
9. STEIN
10. SCHMUCKSTÜCKE

Literatur- und Linktipps

Kinder- und Jugendromane

Altsteinzeit

Lornsen, Dirk:
Rokal, der Steinzeitjäger.
Thienemann, 1987.
ISBN 978-3-522-16520-4

Jungsteinzeit

Lornsen, Dirk:
Tirkan.
Thienemann, 1994.
ISBN 978-3-522-16864-9

Beyerlein, Gabriele; Lorenz, Herbert:
Die Sonne bleibt nicht stehen.
Arena, 2000.
ISBN 978-3-01716-7

Sachbücher

Beyerlein, Gabriele; Field, James:
Steinzeit – Die Welt unserer Vorfahren.
Arena, 2008.
ISBN 978-3-401-05753-8

Seeberger, Friedrich:
Steinzeit selbst erleben!
Waffen, Schmuck und Instrumente –
nachgebaut und ausprobiert.
Theiss, 2003.
ISBN 978-3-8062-1861-9

Sulzenbacher, Gudrun:
Die Gletschermumie.
Mit „Ötzi" auf Entdeckungsreise
durch die Jungsteinzeit.
Folio, 2002.
ISBN 978-3-85256-153-0

Wais, André (u.a.):
**Archäologie erleben.
50 Ausflüge in die Vergangenheit.**
Theiss, 2009.
ISBN 978-3-8062-2276-0

Links in die Steinzeit

www.steinzeiterlebnis.de
Die Webseite des Autors. Herr Ringot leitet
regelmäßig Steinzeit-Workshops an Schulen.
Einfach reinklicken und Kontakt aufnehmen.

www.lascaux.culture.fr
Die offizielle Webseite der „Höhle von
Lascaux". Hier kann man in einem virtuellen
Rundgang die berühmten Malereien aus der
Altsteinzeit selbst erkunden.

www.kindernetz.de/steinzeit
Eine Zeitreise in die Jungsteinzeit – für die
sechs Kinder Ronja, Till, Merlin, Roman,
Taliesin und Mitja und ihre Eltern wurde
dieser Traum Wirklichkeit. Zehn Wochen
ohne Jeans und Pommes frites – kann das
gut gehen? Das SWR-Kindernetz verrät es!

Museen (1/3)

Diese Seiten bieten eine Auswahl an wichtigen Museen und Möglichkeiten zur praktischen Begegnung mit der Steinzeit.

Baden Württemberg

Museum Schloss Hohentübingen
Burgsteige 11
72070 Tübingen
Tel.: 0 70 71/2 97 73 84
E-Mail: museum@uni-tuebingen.de
www.uni-tuebingen.de/museum-schloss

Pfahlbaumuseum
Strandpromenade 6
88690 Uhldingen-Mülhofen,
Ortsteil Unteruhldingen
Tel.: 0 75 56/9 28 90 – 0
E-Mail: mail@pfahlbauten.de
www.pfahlbauten.de

Urgeschichtliches Museum Blaubeuren
Karlstr. 21
89143 Blaubeuren
Tel.: 0 73 44/9 28 60
E-Mail: urmu-blb@web.de
www.urmu.de

Württembergisches Landesmuseum Stuttgart im Alten Schloss
Schillerplatz 6
70173 Stuttgart
Tel.: 07 11/8 95 35 – 111
E-Mail: info@landesmuseum-stuttgart.de
www.landesmuseum-stuttgart.de

Bayern

Archäologisches Museum Kelheim
Ledergasse 11
93309 Kelheim
Tel.: 0 94 41/1 04 09
E-Mail: Museum.Kelheim@t-online.de
www.archaeologisches-museum-kelheim.de

Archäologische Staatssammlung – Museum für Vor- und Frühgeschichte
Lerchenfeldstr. 2
80538 München
Tel.: 0 89/21 12 – 402
E-Mail: archaeologische.staatssammlung@extern.lrz-muenchen.de
www.archaeologie-bayern.de

Federseemuseum
August Gröber Platz
88422 Bad Buchau
Tel.: 0 75 82/83 50
E-Mail: info@federseemuseum.de
www.federseemuseum.de

Mammutheum
Dr. Liegl Str. 35
83313 Scharam/Alzing
Tel.: 0 86 62/12120
E-Mail: info@mammutheum.de
www.mammutheum.de

Museum Biberach (Braith-Mali-Musuem)
Museumstraße 6
88400 Biberach an der Riß
Tel.: 0 73 51/51 – 331
E-Mail: museum@biberach.de
www.biberach-riss.de

Berlin

Neues Museum
Museumsinsel Berlin
Am Lustgarten 1
10117 Berlin-Mitte
Tel.: 0 30/2 66 42 – 42 42
E-Mail: service@smb.museum
www.neues-museum.de

Museen (2/3)

Hamburg

Helms-Museum
Museumsplatz 2
21073 Hamburg
Tel.: 0 40/4 28 71–36 09
E-Mail: info@helmsmuseum.de
www.helmsmuseum.de

Hessen

Naturmuseum Senckenberg
Senckenberganlage 25
60325 Frankfurt am Main
Tel.: 0 69/75 42–0
www.senckenberg.de

Niedersachsen

Niedersächsisches Landesmuseum
Willy-Brandt-Allee 5
30169 Hannover
Tel.: 05 11/98 07–686
E-Mail: info@nlm-h.niedersachsen.de
www.landesmusuem-hannover.
niedersachsen.de

Landesmuseum Natur und Mensch
Damm 38–44
26135 Oldenburg
Tel.: 04 41/92 44–300
E-Mail: museum@naturundmensch.de
www.naturundmensch.de

Archäologisches Zentrum Hitzacker
Elbuferstraße 2-4
29456 Hitzacker
Tel.: 0 58 62/67 94
E-Mail: azh@archaeo-centrum.de
www.archaeo-zentrum.de

Nordrhein-Westfalen

Archäologisches Freilichtmuseum
Am Barkhauser Berg 2–6
33813 Oerlinghausen
Tel.: 0 52 02/22 20
E-Mail: archaeoerl@t-online.de
afm-oerlinghausen.de

LWL-Museum für Archäologie
Europaplatz 1
44623 Herne
Tel.: 0 23 23/9 46 28–0 oder –24
E-Mail: lwl-archaeologiemuseum@lwl.org
www.lwl-landesmuseum-herne.de

Neanderthal Museum
Talstr. 300
40822 Mettman
E-Mail: museum@neanderthal.de
www.neanderthal.de

Museum für Ur- und Frühgeschichte
Wasserschloss Werdringen
Werdringen 1
D-58089 Hagen
Telefon: +49 (0) 23 31/3 06 72 66
(Museumskasse)
www.historisches-centrum.de

Rheinland-Pfalz

Museum Herxheim
Untere Hauptstr. 153
76863 Herxheim
Tel.: 0 72 76/50 24 77
E-Mail: Brand-Schwarz@museum-herxheim.de
www.museum-herxheim.de

Museen (3/3)

Museum für die Archäologie des Eiszeitalters
Schloss Monrepos
56567 Neuwied
Tel.: 0 26 31/97 72–0
E-Mail: info-altsteinzeit@rgzm.de
http://web.rgzm.de/37.html

Rheinisches Landesmuseum
Weimarer Allee 1
54290 Trier
Tel.: 06 51/97 74–0
E-Mail: landesmuseum-trier@gdke.rlp.de
www.landesmuseum-trier.de

Sachsen-Anhalt

Landesmuseum für Vorgeschichte
Richard-Wagner-Str. 9
06114 Halle/Saale
Tel.: 03 45/52 47–363
E-Mail: poststelle@lda.mk.sachsen-anhalt.de
www.lda-lsa.de/landesmuseum_fuer_
vorgeschichte/

Sachsen

Landesmuseum für Vorgeschichte
Palaisplatz 11
01097 Dresden
Tel.: 03 51/8 92 66 03
E-Mail: info@lfa.sachsen.de
www.archaeologie.sachsen.de

Schleswig-Holstein

Archäologisches Landesmuseum
Schloss Gottorf
24837 Schleswig
Tel.: 0 46 21/8 13–222
E-Mail: info@schloss-gottorf.de
www.schloss-gottorf.de

Archäologisch-Ökologisches Zentrum
Albersdorf
Bahnhofstr. 23
25767 Albersdorf
Tel.: 0 48 35/97 10 97
E-Mail: info@aoeza.de
http://aoeza.steinzeitpark-albersdorf.de

Thüringen

Museum für Ur- und Frühgeschichte
Thüringens
Humboldtstraße 11
99423 Weimar
Tel.: 0 36 43/81 83 31
E-Mail: museum@tlda.thueringen.de
www.thueringen.de/denkmalpflege/tlda/
start.htm

Verlag an der Ruhr

Keiner darf zurückbleiben

Informationen und Beispielseiten unter
www.verlagruhr.de

■ **Produktive Unterrichtseinstiege**
100 motivierende Methoden für die Sekundarstufen
Kl. 5-13, 134 S., 16 x 23 cm, Pb.
ISBN 978-3-8346-0022-6
Best.-Nr. 60022
15,80 € (D)/16,25 € (A)/27,60 CHF

■ **Unterrichtseinheiten erfolgreich abschließen**
100 ergebnisorientierte Methoden für die Sekundarstufen
Kl. 5-13, 137 S., 16 x 23 cm, Pb.
ISBN 978-3-8346-0153-7
Best.-Nr. 60153
15,80 € (D)/16,25 € (A)/27,60 CHF

■ **Produktive Arbeitsphasen**
100 Methoden für die Sekundarstufe
Kl. 5-13, 152 S., 16 x 23 cm, Pb.
ISBN 978-3-8346-0325-8
Best.-Nr. 60325
15,80 € (D)/16,25 € (A)/27,60 CHF

■ **Relax! Entspannt Lehrer sein**
120 S., 21 x 22 cm, Pb., farbig
ISBN 978-3-8346-0544-3
Best.-Nr. 60544
19,80 € (D)/20,35 € (A)/34,70 CHF

■ **Bessere Chancen für alle durch individuelle Förderung**
Die besten Methoden
Kl. 5-10, 182 S., A5, Pb.
ISBN 978-3-8346-0381-4
Best.-Nr. 60381
17,80 € (D)/18,30 € (A)/31,20 CHF

■ **Lernen mit Projekten**
In der Gruppe planen, durchführen, präsentieren
Kl. 5-13, 156 S., 16 x 23 cm, Pb., zweif., CD-ROM
ISBN 978-3-8346-0440-8
Best.-Nr. 60440
17,80 € (D)/18,30 € (A)/31,20 CHF

■ **Unterrichtsvorbereitung**
Strategien, Tipps und Praxishilfen
Für alle Schulstufen, 160 S., 16 x 23 cm, Pb.
ISBN 978-3-8346-0667-9
Best.-Nr. 60667
17,80 € (D)/18,30 € (A)/31,20 CHF

■ **Klasse(n-) Fahrt!**
Organisationshilfen, Projektideen und Spiele für Klassenfahrten und Freizeiten
8-14 J., 150 S., 16 x 23 cm, Pb.
ISBN 978-3-8346-0609-9
Best.-Nr. 60609
17,80 € (D)/18,30 € (A)/31,20 CHF

■ **Eine Klasse – ein Team!**
Methoden zum kooperativen Lernen
Für alle Schulstufen, 120 S., 16 x 23 cm, Pb.
ISBN 978-3-8346-0594-8
Best.-Nr. 60594
12,80 € (D)/13,15 € (A)/23,– CHF

■ **Wenn Sanktionen nötig werden: Schulstrafen**
Warum, wann und wie?
Kl. 5-13, 157 S., 16 x 23 cm, Pb.
ISBN 978-3-8346-0324-1
Best.-Nr. 60324
17,80 € (D)/18,30 € (A)/31,20 CHF

■ **Schnelles Eingreifen bei Mobbing**
Strategien für die Praxis
Für alle Schulstufen, 128 S., 16 x 23 cm, Pb.
ISBN 978-3-8346-0450-7
Best.-Nr. 60450
14,80 € (D)/15,20 € (A)/26,10 CHF

■ **Der Klassenrat**
Ziele, Vorteile, Organisation
Für alle Schulstufen, 165 S., A4, Pb.
ISBN 978-3-8346-0060-8
Best.-Nr. 60060
21,80 € (D)/22,40 € (A)/38,20 CHF

Verlag an der Ruhr

Keiner darf zurückbleibe

Informationen und Beispielseiten unter
www.verlagruhr.de

■ Glück – ein Projektbuch
Hintergründe, Perspektiven, Denkanstöße
14-19 J., 112 S., A4, Pb., farbig
ISBN 978-3-8346-0510-8
Best.-Nr. 60510
21,80 € (D)/22,40 € (A)/38,20 CHF

■ Wie soll ich mich entscheiden?
Dilemmageschichten mit Arbeitsanregungen für Jugendliche
Kl. 5-10, 96 S., A4, Pb.
ISBN 978-3-8346-0511-5
Best.-Nr. 60511
19,50 € (D)/20,- € (A)/34,20 CHF

■ Kann ICH die Welt retten?
verantwortungsvoll leben – clever konsumieren
13-19 J., 114 S., A4, Pb.
ISBN 978-3-8346-0452-1
Best.-Nr. 60452
19,80 € (D)/20,35 € (A)/34,70 CHF

■ „Alle Juden sind ..."
50 Fragen zum Antisemitismus
Ab 14 J., 184 S., 16 x 23 cm, Pb., farbig
ISBN 978-3-8346-0408-8
Best.-Nr. 60408
19,50 € (D)/20,- € (A)/34,20 CHF

■ Aufsätze konkret
Tipps und Schreibanleitungen vom Unfallbericht bis zum Zeitungsartikel
Kl. 7-11, 129 S., A4, Pb.
ISBN 978-3-8346-0457-6
Best.-Nr. 60457
19,80 € (D)/20,35 € (A)/34,70 CHF

■ Aufsatzkorrekturen fair und transparent
Checklisten und Beurteilungshilfen
Kl. 5-10, 97 S., A4, Paperback mit CD-ROM
ISBN 978-3-8346-0328-9
Best.-Nr. 60328
19,80 € (D)/20,35 € (A)/34,70 CHF

■ „Hab ich voll verpeilt, Alter!"
Alltagskommunikation trainieren mit Jugendlichen
13-18 J., 120 S., A4, Pb.
ISBN 978-3-8346-0499-6
Best.-Nr. 60499
20,50 € (D)/21,10 € (A)/35,90 CHF

■ Foto-Kartei Sprachunterricht
40 Bildimpulse fürs Sprechen, Schreiben und szenische Spiel
Kl. 5-10, Spiralb. (40 farbige Karten, A5 quer, perforiert + 30-seitiges Begleitmaterial)
ISBN 978-3-8346-0513-9
Best.-Nr. 60513
19,80 € (D)/20,35 € (A)/34,70 CHF

■ Ich – Du – Wir alle!
33 Spiele für soziales Kompetenztraining
10-15 J., 88 S., 16 x 23 cm, Pb.
ISBN 978-3-8346-0569-6
Best.-Nr. 60569
12,80 € (D)/13,15 € (A)/23,- CHF

■ Gewaltprävention für Jugendliche
Ein Trainingskurs für Schule und Jugendarbeit
13-16 J., 66 S., 16 x 23 cm, Pb.
ISBN 978-3-8346-0595-5
Best.-Nr. 60595
11,80 € (D)/12,15 € (A)/21,30 CHF

■ Kunstgeschichte praktisch – Das 20. Jahrhundert
Zeichnen, Malen und Gestalten
Kl. 7-10, , 83 S., Papph. (mit farbigen Abb.)
ISBN 978-3-8346-0386-9
Best.-Nr. 60386
19,50 € (D)/20,- € (A)/34,20 CHF

■ Kunst mit dem, was da ist
Ideen für (un)geplante Kunststunden Klasse 5-7
Kl. 5-7, , 96 S., 16 x 23 cm, Spiralb., farbig
ISBN 978-3-8346-0472-9
Best.-Nr. 60472
17,80 € (D)/18,30 € (A)/31,20 CHF